DeepSeek

赋能跨境电商

< 徐鹏飞　孙琳　著 >

电子工业出版社

Publishing House of Electronics Industry

北京·BEIJING

U0748653

内 容 简 介

本书是 AI 时代跨境电商的实战指南,深入介绍了如何使用 DeepSeek 为选品、品牌构建、营销、客户运营、风险控制及物流等关键环节赋能,旨在帮助跨境电商从业者系统掌握 DeepSeek 的使用方法,显著提高运营效率、降低成本、增强市场竞争力,实现业务的智能化升级。

本书适合希望使用 AI 技术提高跨境电商业务效率和竞争力的卖家、运营团队及管理者,对跨境电商行业链中的其他从业者也有参考意义。

图书在版编目(CIP)数据

DeepSeek 赋能跨境电商 / 徐鹏飞,孙琳著. —— 北京 :
电子工业出版社,2025. 9(2025. 11重印). —— ISBN 978-7-121-51143-1

Ⅰ. F713.365

中国国家版本馆 CIP 数据核字第 2025XR5178 号

责任编辑:石 悦

印   刷:涿州市般润文化传播有限公司
装   订:涿州市般润文化传播有限公司
出版发行:电子工业出版社
          北京市海淀区万寿路 173 信箱   邮编:100036
开   本:720×1000   1/16   印张:14.75   字数:236 千字
版   次:2025 年 9 月第 1 版
印   次:2025 年 11 月第 2 次印刷
定   价:66.00 元

凡所购买电子工业出版社图书有缺损问题,请向购买书店调换。若书店售缺,请与本社发行部联系,联系及邮购电话:(010)88254888,88258888。

质量投诉请发邮件至 zlts@phei.com.cn,盗版侵权举报请发邮件至 dbqq@phei.com.cn。

本书咨询联系方式:faq@phei.com.cn。

前　　言

　　这是一本介绍用 DeepSeek 为跨境电商赋能的图书，适合跨境卖家、服务商阅读。在这个人工智能技术飞速发展的时代，创新工具层出不穷，DeepSeek 凭借强大的算法和推理能力，迅速成为业界关注的焦点。作为一名对技术和商业充满热情的人，我深知在如此激烈的市场竞争中，有效地利用合适的工具，可能提高十倍甚至百倍的效率。

　　我们之所以撰写本书，不仅是因为 DeepSeek 在国内广泛流行，还是因为在跨境电商平台早已大量应用人工智能技术的今天，国内依然有大量寻找出海路径的商家未能发掘人工智能技术在跨境电商中的实际应用潜力。希望本书可以为从业者提供切实可行的 DeepSeek 使用策略和方法，帮助他们在跨入全球市场的过程中占得先机。

　　跨境电商作为一种商业模式，为企业打开了通往国际市场的大门。然而，面对不同国家和地区的消费者，企业需要应对语言、文化、法律法规等多重挑战。这时，像 DeepSeek 这样的智能工具便显得尤为重要。DeepSeek 不仅能够帮助企业提高运营效率，还能帮助企业更好地理解市场需求、优化供应链管理、降低运营风险，以及提高客户满意度等。

　　在本书中，我们将详细探讨如何将 DeepSeek 与跨境电商实践相结合。从市场调研到营销策略，从客户转化、风险管控到供应链管理，都可以用 DeepSeek 赋能。本书提供了大量场景示例，但更希望读者能通过本书，让自己和团队更好地了解如何使用 DeepSeek 提高业绩，激发出更多创新思维和商业灵感。

本书也展望了技术的发展方向，以及这些变化可能带来的新机遇和新挑战。在这个瞬息万变的时代，唯有不断学习和适应，才能立于不败之地。

期待本书能成为你事业发展中的一盏明灯，为你的跨境电商之旅增添动力。

目　　录

1

第 1 章

重新认识 AI 时代的跨境电商

人工智能（Artificial Intelligence，AI）技术的核心目标是开发能够模拟人类智能的计算机系统。AI 的概念出现于 20 世纪 50 年代。在计算机算力、互联网数据等高速迭代的近代，AI 技术取得了长足的进步。目前，AI 工具已经具备机器学习、逻辑推理、环境感知、语言理解和交流等能力。

自从 2023 年年初 ChatGPT 出圈以来，各种大语言模型相继推出（如 Claude、Gemini、Grok 等）。2024 年 12 月，DeepSeek-V3 发布并开源。2025 年 1 月，DeepSeek-R1 发布。由于 DeepSeek 在大语言模型的多项关键基准测试中表现出色，并且成本低廉，更重要的是 DeepSeek-R1 秉承开放精神，完全开源，因此自发布后迅速在全球主流媒体和社交网站上刷屏，在短时间内占据多个应用商店排行榜榜首。

在跨境电商行业中，AI 技术也已经被广泛用来提高效率、优化用户体验和降低成本。主要的电商平台几乎都采用了机器学习算法等技术，分析海量数据，实现商家与消费者的精准匹配，从而提高双方的体验感。鉴于 DeepSeek 的优异性能和开放策略，我们测试了 DeepSeek 在跨境电商行业的典型应用，发现 DeepSeek 完全能够提高跨境电商运营效率。跨境卖家可以使用 DeepSeek 为自己和团队在跨境电商行业插上 AI 的翅膀。

1.1 跨境电商的现状与挑战

1.1.1 全球市场规模持续扩大

随着互联网普及和全球化深入，跨境电商已经成为国际贸易中的一股不可忽视的力量。全球物流基础设施和跨境数字支付系统越来越完善，驱动跨境电商行业不断发展。

另外，全球互联网基础设施的完善和移动通信设备的普及，使来自全球各地的消费者都能够参与国际购物。跨境电商平台巨头的大力宣传加速了跨境电商行业的发展。新兴国家可支配收入的增加也推动了产品和服务的跨境消费。

Market Research Intellect 平台的数据显示，2023 年跨境电商规模为 13357 亿美元，预计到 2031 年将达到 37749 亿美元，2024 年至 2031 年的复合年增长率为 13.8%。

1.1.2 跨境电商平台和模式多元化

传统跨境电商平台（如亚马逊、eBay、速卖通等），特别是亚马逊依然有着最多的中国卖家，因此本书多以亚马逊为例。随着跨境社交电商、直播电商等新型电商模式快速发展，Temu、TikTok、SHEIN 等电商平台的市场规模快速扩大。Similarweb 平台的数据显示，2025 年 3 月 1 日，Temu 在全球电商平台排行榜中已位居第二，如图 1.1 所示。

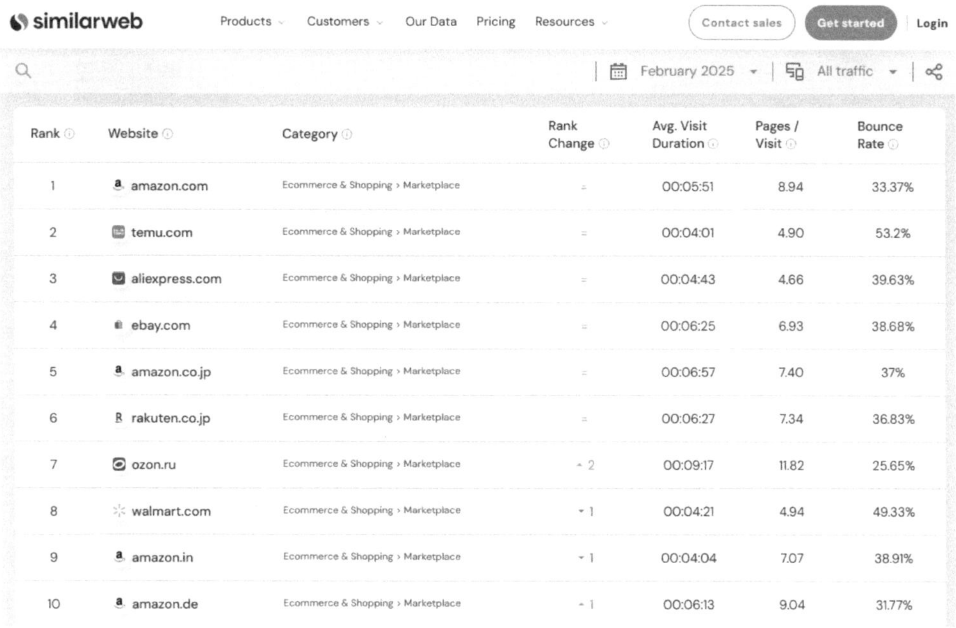

Rank	Website	Category	Rank Change	Avg. Visit Duration	Pages / Visit	Bounce Rate
1	amazon.com	Ecommerce & Shopping > Marketplace	=	00:05:51	8.94	33.37%
2	temu.com	Ecommerce & Shopping > Marketplace	=	00:04:01	4.90	53.2%
3	aliexpress.com	Ecommerce & Shopping > Marketplace	=	00:04:43	4.66	39.63%
4	ebay.com	Ecommerce & Shopping > Marketplace	=	00:06:25	6.93	38.68%
5	amazon.co.jp	Ecommerce & Shopping > Marketplace	=	00:06:57	7.40	37%
6	rakuten.co.jp	Ecommerce & Shopping > Marketplace	=	00:06:27	7.34	36.83%
7	ozon.ru	Ecommerce & Shopping > Marketplace	▲ 2	00:09:17	11.82	25.65%
8	walmart.com	Ecommerce & Shopping > Marketplace	▼ 1	00:04:21	4.94	49.33%
9	amazon.in	Ecommerce & Shopping > Marketplace	▼ 1	00:04:04	7.07	38.91%
10	amazon.de	Ecommerce & Shopping > Marketplace	▲ 1	00:06:13	9.04	31.77%

图 1.1

一些新兴市场迅速发展，俄罗斯的 Ozon 电商平台排名第 7，拉丁美洲的电商平台 Mercadolivre、东南亚的电商平台 Shopee 等均出现在前 30 名。Walmart 跻身排行榜前 10 名。手工艺品电商平台 Etsy 仍热度不减，位居第 11 名。

短视频和直播电商平台 TikTok 发展迅猛。新加坡机构墨腾创投发布的《2024 年东南亚电商报告》显示，2024 年 TikTok 在东南亚 GMV 同比增长近 4 倍，成为东盟地区第二大电商平台。TikTok 已经进入欧美市场。根据 TikTok 在全球的活跃程度，预计 TikTok 近两年仍能够维持高速增长，因此本书的 AI 案例将涉及短视频和直播电商。

独立站仍保持活跃。2024 年，独立站 Shopify 的商店数超过 240 万（如图 1.2 所示），比 2020 年增加 70%左右。对于品牌商家、销售平台限售产品和可定制产品的卖家及线上服务提供商等来说，独立站仍是其必选的跨境电商平台。

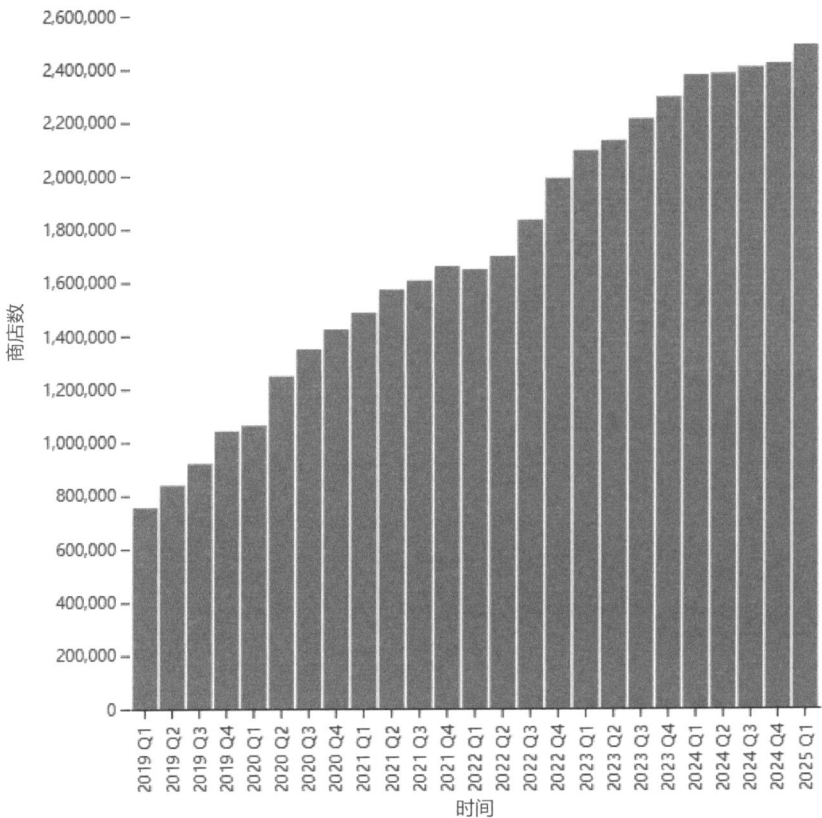

图 1.2 描述的柱状图（略）

图 1.2

1.1.3 跨境卖家面临的挑战

跨境电商平台的多元化给了卖家更多的选择。每种平台都有各自的特点和对卖家的要求，下面分类加以说明。

（1）综合性平台：如亚马逊、eBay、速卖通等。这类平台的用户基数庞大，覆盖范围广，产品品类齐全，自带流量。卖家在这类平台上面临的主要挑战如下。

① 卖家数量众多，同质化竞争严重，价格战激烈。

② 综合性平台的规则复杂，对产品质量、Listing 规范、物流时效、客户服务、知识产权等都有严格要求。卖家稍有不慎就可能面临产品被下架、被封店等风险。

③ 综合性平台会收取一定的佣金、服务费、广告费等，收取的仓储费、配送服务费也不菲，增加了卖家的运营成本。

④ 在海量产品中突出自身品牌需要投入大量时间和精力。

⑤ 卖家难以获取全面的用户数据，不利于精准营销和管理客户关系。

⑥ 即使是同一个平台，在不同国家和地区的站点的规则、政策、消费者偏好也可能存在差异。

（2）垂直类平台：如 Etsy、Wayfair 等。这类平台专注于特定品类，用户群体精准，竞争相对较小，容易建立品牌形象。卖家在这类平台上面临的主要挑战如下。

① 受限于品类，垂直类平台的用户总量不如综合性平台。

② 垂直类平台的买家往往对产品有更多的专业知识和更高的要求。

③ 某些垂直类平台对入驻的卖家有特定的资质要求，如 Wayfair 要求产品检测和认证等。

（3）社交电商平台：如 Facebook Shop、TikTok Shop 等。这类平台利用社交媒体的流量和用户黏性，更容易进行内容营销和与粉丝互动，转化率可能更高。卖家入驻这类平台面临的主要挑战如下。

① 社交电商模式相对较新，由于涉及用户互动，平台规则可能不够完善或经常变化。

② 卖家需要投入更多的精力在内容创作和与粉丝互动上。这对卖家在视频处理、语言和视觉表达等方面有较高的运营要求。

③ 社交电商平台的卖家面临着平台内买卖双方互动的压力，竞争更激烈，用户黏性较低。另外，部分用户可能更习惯在传统电商平台上购物。

（4）独立站：如 Shopify、WooCommerce 等。在这类平台上，卖家能够建立自己的独立网站进行销售，完全掌控用户数据，更好地打造品牌形象，可以进行高度个性化的营销，利润空间更大，但面临着以下挑战。

① 独立站不自带流量，卖家需要投入资金进行推广和营销。

② 卖家需要自行搭建和维护网站，处理支付、物流、客服等环节。

③ 独立站没有综合性平台的信任度，新网站往往需要更多的时间和营销活动

来获得消费者的信任。

（5）其他平台：如 Temu、新兴地区的电商平台等。这类平台依赖产品价格、地区优势等取得了快速增长，卖家比较容易入门。这类平台往往面临着价格低、售后问题多、支付和物流体系不完善等问题。

Temu 对托管卖家的产品进行核价，产品价格平均比在亚马逊上低 40%，甚至一些产品的价格不到亚马逊上价格的 1/4。

Ozon 近几年为中国卖家提供了机会，但卖家需要在 Ozon 上注意退货和回款风险。

还有一些新兴地区的电商平台，如东南亚的 Shopee，特别是在越南等地区面临着退货率高的问题。

1.2　AI工具在跨境电商平台中的应用

针对电商平台多元化带来的问题和挑战，AI 工具可以发挥多方面的作用，帮助卖家提高效率、降低成本、规避风险，指导卖家做出更合理的决策。本节将介绍 AI 工具在跨境电商平台中可能涉及的应用。

1.2.1　降低对不同平台的学习成本

卖家可以使用 AI 工具面对不同的跨境电商平台带来的挑战。

（1）智能解读平台规则：卖家可以使用 AI 工具分析不同的跨境电商平台的规则文档，自动提取关键信息、对比分析并生成易于理解的摘要和操作指南，快速了解各平台的差异和要求。

（2）构建 AI 助手和知识库：卖家可以使用 AI 工具构建智能助手，并用跨境电商平台的规则文档创建知识库。卖家可以通过自然语言提问，快速获取关于特定平台的规则、操作流程、常见问题解答等信息。

（3）收集与整合数据：卖家可以使用 AI 工具分析不同平台的销售数据、用户数据、运营数据等，并对其进行整合和清洗。

（4）智能分析数据与洞察：卖家可以使用 AI 工具的机器学习算法分析整合后的数据，发现不同平台的用户特点、销售趋势、热销产品等，洞察有价值的商业信息并进行决策。

（5）智能生成内容与统一风格：卖家可以使用 AI 工具辅助生成符合品牌调性的产品描述、营销文案等，并确保其在不同平台上风格一致。

1.2.2　把握目标人群，选出热销产品

AI 工具在帮助跨境卖家精准定位目标人群和选择热销产品方面发挥着至关重要的作用，具体体现在以下几个方面。

（1）收集与分析海量数据：卖家可以使用 AI 工具收集并分析来自全球各大跨境电商平台、社交媒体、搜索引擎、行业报告等的海量数据，包括用户的搜索行为、购买记录、浏览偏好、评论内容、社交互动等。

（2）构建用户画像：通过机器学习算法，卖家可以使用 AI 工具对数据进行聚类分析，构建清晰的目标用户画像，包括他们的年龄、性别、地理位置、收入水平、兴趣爱好、消费习惯、价值观念等。

（3）识别细分市场：卖家可以使用 AI 工具识别出具有特定需求和偏好的细分市场，更精准地定位目标客户群体。

（4）预测市场趋势和消费者偏好变化：卖家可以使用 AI 工具分析历史销售数据、社交媒体热度、行业新闻、竞争对手动态等，预测未来一段时间的市场趋势和消费者偏好变化。

（5）识别新兴的、具有高增长潜力的产品品类：卖家可以使用 AI 工具识别新兴的、具有高增长潜力的产品品类，抢占市场先机。

（6）预测爆款产品：通过分析历史爆款产品的特征和用户的行为模式，卖家可以使用 AI 工具预测哪些产品具有成为爆款产品的潜力。

（7）监控竞品：卖家可以使用 AI 工具实时监控竞争对手的产品销售情况、价格策略、促销活动、用户评论等信息。

（8）分析优势和劣势：卖家可以使用 AI 工具分析自身产品与竞争对手产品的优势和劣势，找到差异化竞争的切入点。

（9）学习成功经验：卖家可以使用 AI 工具分析竞争对手的成功案例，提取其在选品、定价、营销等方面的经验进行借鉴。

1.2.3 应对不同平台的复杂性，提高运营效率

AI 工具在应对不同平台的复杂性方面，对卖家运营效率的提高可以体现在以下几个方面。

（1）智能管理多平台 Listing：卖家可以使用 AI 工具根据一套核心的产品信息，自动适配不同平台的 Listing 规则，如标题优化、属性填写、图片尺寸调整等，实现一键发布和批量管理。

（2）智能管理库存：卖家可以使用 AI 工具实时监控不同平台和仓库的库存情况，自动进行库存同步和调拨，避免超卖或库存积压。

（3）集中处理订单与流程自动化：卖家可以使用 AI 工具整合来自不同平台的订单信息，实现统一处理、自动分拣、智能匹配物流渠道，提高订单处理效率。

（4）跨平台管理广告：卖家可以使用 AI 工具在不同的跨境电商平台、社交媒体、搜索引擎等渠道上进行广告管理，实现统一监控和优化。

（5）智能客服互动：AI 客服聊天机器人可以智能回复来自不同平台的常见的客户咨询，处理售后问题，进行多语言沟通，降低人工客服的压力。

1.2.4 更有效地进行营销推广，吸引目标客户

AI 工具在提高跨境卖家的营销推广效率和精准度方面，具有越来越重要的作用，可以从以下几个方面帮助卖家吸引更多的目标客户。

（1）智能创作营销文案：卖家可以使用 AI 工具根据目标客户的特征、产品特点、平台规则等信息，自动生成更具吸引力的营销文案，包括产品描述、广告语、社交媒体帖子、邮件内容等。

（2）多语言内容本地化：AI 工具摆脱了以往翻译工具的缺点，除了翻译的语

句自然，还能根据不同目标市场的文化习惯和语言表达方式，对营销内容进行本地化优化，提高用户的接受度和转化率。

（3）进行 A/B 测试与优化：卖家可以使用 AI 工具分析不同的营销内容的数据表现，进行 A/B 测试，并得到优化建议，不断地提高营销效果。

（4）智能定向客户：卖家可以使用 AI 工具进行大数据分析，更精准地识别潜在的目标客户，并根据他们的兴趣、行为等特征定向投放广告，提高广告的点击率和转化率。

（5）实时竞价与优化预算：卖家可以使用 AI 工具分析市场竞争情况和广告效果，实时调整广告竞价策略和预算分配，最大化广告投资回报率（ROI）。

（6）预测内容趋势：卖家可以使用 AI 工具分析社交媒体上的热门话题和用户互动数据，制定更符合用户喜好的内容策略。

（7）自动化发布与管理内容：AI 工具可以根据预设的策略，在不同的社交媒体平台上自动发布内容，并进行效果跟踪和分析。

（8）与粉丝互动和管理社群：AI 工具可以辅助卖家与粉丝互动（如自动回复评论、发私信等）并分析社群成员的特征和需求，优化社群运营策略。

1.2.5　更智能地管理物流和供应链，降低成本

AI 工具可以基于卖家的历史销售数据和供应链数据进行分析，并根据季节、促销、经济变动等，帮助卖家制订更合理的采购和发货计划。

（1）优化库存：基于需求预测，卖家可以使用 AI 工具优化库存，避免因库存不足而错失销售机会，也能减少库存积压和仓储费用。

（2）智能补货：卖家可以使用 AI 工具实时分析库存和预测需求，自动生成补货建议或触发补货流程，确保供应链的流畅性。

（3）智能规划路线：卖家可以使用 AI 工具分析订单信息、目的地、运输方式、实时路况、运输成本等，规划最优的运输路线，缩短运输时间，降低运输费用。

（4）选择与评估物流承运商：卖家可以使用 AI 工具分析不同物流承运商的价格、时效、服务质量、可靠性等，从而选择最具性价比的物流合作伙伴。

（5）跟踪包裹与预警：卖家可以使用 AI 工具实时跟踪包裹的物流状态，并在出现延误、丢失等异常情况时及时预警，及时处理并通知客户。

（6）优化最后一公里配送：卖家可以使用 AI 工具优化最后一公里的配送路线和方式，提高配送效率，降低配送成本。

（7）优化仓库布局：卖家可以使用 AI 工具分析产品特性、订单频率等数据，优化仓库布局，提高货件分拣效率。实际上，部分智能仓储平台结合物联网、图片识别等技术，已经使用 AI 工具实现了仓库的自动化操作，例如自动拣货、包装、分拣、盘点等，降低了人工成本，提高了效率。

1.2.6　更有效地防范风险，保障交易安全

风险防范和交易安全是卖家生存与发展的基石。DeepSeek 可以用数据分析、模式识别和预测能力，为跨境电商构建智能防线，提升风险管理水平。

（1）管理供应商风险：卖家可以使用 AI 工具分析供应商的交货准时率、产品质量、价格波动等，评估和选择可靠的供应商，并建立更紧密的合作关系，也可以及时排查交货准时率差、产品质量问题多的供应商。

（2）预测与应对风险：卖家可以使用 AI 工具分析供应链中的各种潜在风险因素（如价格或需求异常变动、自然灾害、地缘政治风险等），提前准备应对方案，也可以更快速地响应市场需求的变化，及时调整生产和供应链策略。

（3）智能审核单证：卖家可以使用 AI 工具自动审核报关单证的完整性和准确性，减少人工错误，增强合规审查，提高清关效率。

（4）优化关税和税费：卖家可以使用 AI 工具分析不同国家和地区的关税政策与税费规定，选择最优的清关方案，降低成本。

1.3　DeepSeek及跨境电商应用解析

深度求索公司发布过的模型有大语言模型（Large Language Model，LLM）、推理模型、多模态模型，以及一些专用模型，见表 1.1。

表 1.1

发布时间	模型	类别	简介
2024 年 2 月 5 日	DeepSeek-Math	数学推理模型	性能逼近 GPT-4
2024 年 8 月 16 日	DeepSeek-Prover V1.5	数学定理证明模型	用于高中和大学数学定理证明
2024 年 12 月 13 日	DeepSeek-VL2	视觉语言模型	使用 MoE 架构，多模态输入，具有视觉识别能力
2024 年 12 月 26 日	DeepSeek-V3	大语言模型	性能强，成本低
2025 年 1 月 20 日	DeepSeek-R1	推理模型	支持深度推理、思维链输出
2025 年 1 月 27 日	Janus-Pro	多模态模型	支持图片理解和文生图

DeepSeek 官网默认提供的是 DeepSeek-V3，其具备强大的文字处理能力和代码编写能力。对于复杂推理和深度分析人物，卖家可以使用 DeepSeek-R1。

在 DeepSeek 爆火的初期，其官网和 App 频繁出现繁忙的情况。由于 DeepSeek 是开源模型，因此国内很多厂商都基于 DeepSeek 提供了替代服务。由于 DeepSeek 完整大模型的参数多达 685B［2025 年 5 月 28 日更新的版本，685B 即 6850 亿，行业普遍以 B（即 Billion）为参数单位］，因此一些替代模型出于节约资源的考虑，使用了蒸馏过的 72B 或者 32B 模型，推理表现可能弱于官方模型。

如果需要考虑数据安全且有足够的计算资源，那么卖家可以在本地部署 DeepSeek；如果没有足够的计算资源，那么建议使用 DeepSeek 官网或 App；如果 DeepSeek 官网出现不可用的情况，那么可以考虑使用第三方服务。另外，截至 2025 年 3 月中旬，DeepSeek 官网未提供多模态服务，因此本书涉及图片生成的部分，将通过自部署服务来讲解。

对于跨境卖家来说，在运营实操中最可能用到的大模型是 DeepSeek-V3 和 DeepSeek-R1。对于广告图制作，卖家可以用 Janus-Pro。对于视频制作，卖家可以先用 DeepSeek-V3 或 DeepSeek-R1 生成视频脚本，或者先用 Janus-Pro 生成图片，再用视频 AI 工具生成视频。

1.3.1　DeepSeek 界面简介

卖家可以在网页或 App 上使用 DeepSeek，官方的网页很简单，如图 1.3 所示。DeepSeek 的主界面是对话框。卖家可以在对话框中输入提示词（Prompt）。

DeepSeek 默认使用 DeepSeek-V3 进行回复。卖家可以单击对话框下方的"深度思考"选项使用 DeepSeek-R1。DeepSeek-R1 在回复中带有推理过程。如果卖家希望获取联网数据进行分析，那么可以单击"联网搜索"选项。目前，DeepSeek 的最大输入长度为 64000 Token（Token 指文本处理的最小语义单位，1 Token 可视为一个单词、一个汉字、一个词语、一个符号等），最大的输出长度为 8192 Token。DeepSeek 可以记忆大多数问题的上下文，足够回答大多数问题，卖家基本不需要顾虑问题的长度。

图 1.3

如果卖家希望 DeepSeek 分析上传的文件，那么可以单击对话框右侧的曲别针图标上传附件。DeepSeek 一次最多支持上传 50 个附件，每个附件最大为 100MB，支持包括 DOC、PDF、JPG、PNG 等格式的各类文档和图片。目前，DeepSeek 网页和 App 仅支持识别附件中的文字。如果卖家需要识别图片描述的场景，那么需要使用 Janus-Pro 模型，本书也会介绍。

DeepSeek 网页主界面左侧的图标分别是对话记录、开启新对话、手机 App 及账户。DeepSeek App 的界面与网页的界面类似，不再赘述。

需要提醒的是，受限于 AI 模型的性能、训练数据的时效性及用户提示词的准确性等因素，大语言模型输出的内容无法保证正确，一本正经地"胡说八道"的现象被称为"AI 幻觉"。AI 工具会在回答中编造看起来很合理的信息，甚至还会提供让人看起来很可信但实际上不存在的来源，即使性能更强的 DeepSeek-R1 也无法避免"AI 幻觉"。使用联网搜索、提供知识库等方式可以减少"AI 幻觉"。对于客观严谨的问题，卖家仍然需要自主验证 AI 工具回复的正确性。

1.3.2　DeepSeek 在跨境电商中应用初体验

卖家可以使用 DeepSeek 进行市场趋势洞察、目标市场概况和消费者分析、选品调研、营销与推广策略制定、风险评估与合规性分析等。下面是一些示例。

场景：一位卖家想拓展欧洲市场，销售家居产品。

由于销售的复杂性和时效性，因此需要使用联网搜索。在 DeepSeek 中，选择"深度思考"和"联网搜索"选项并输入和发送提示词，如图 1.4 所示。

我是 DeepSeek，很高兴见到你！

我可以帮你写代码、读文件、写作各种创意内容，请把你的任务交给我吧~

请分析过去一年欧洲亚马逊、eBay 和 Etsy 平台上家居用品的销售数据，找出销量增长最快的关键词和品类。

⊗ 深度思考 (R1)　⊕ 联网搜索　　　　　　　　　　　🔗　↑

图 1.4

与使用 ChatGPT 不同的是，这里提供的提示词完全是自然语言，没有对 DeepSeek 进行角色设定。这是因为根据 DeepSeek 的说明，DeepSeek-R1 默认具备广泛的知识覆盖和推理能力，对于一般咨询来说，角色定位不是必选项，用户只需要把问题描述清楚。对于专业任务，卖家也可以使用角色定位明确任务类型、保持对话一致性和减少冗余的思考。

AI 工具的发展方向一定是使用自然语言提示。除了专业应用，我们不建议卖家对 AI 工具预设角色。根据我们的对比，在 DeepSeek-R1 中是否预设角色对回答的影响不大。本书使用得较多的是 DeepSeek-R1，提供的提示词并不全部预设角色。如果卖家经常在同一个对话中发送不同类别的提示词，那么可以不进行角色设定。如果卖家在同一个对话中连续咨询同一个领域的专业问题，或者要求 DeepSeek 站在某个角色的立场上回答问题，那么应该预设角色，如图 1.5 所示。

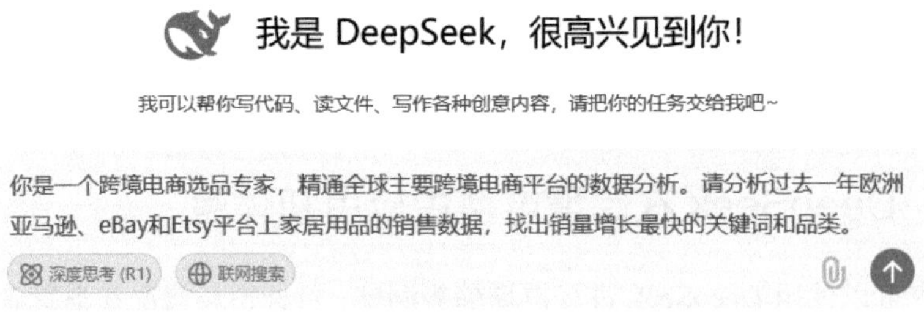

图 1.5

在"深度思考"和"联网搜索"的情况下，DeepSeek 搜索 50 个网页并进行推理。这个过程可能需要几秒到几十秒。卖家可以单击已搜索的网页查看网页标题和内容，并可以看到 DeepSeek 的深度思考过程和用时，如图 1.6 所示。

图 1.6

可以看出，DeepSeek 联网搜索参考的网页是主流门户网站和跨境电商行业网站。在信息源准确的基础上，DeepSeek 提供的结果具有较大的参考价值。

在深度思考结束后，DeepSeek 给出分析结果，提供了卖家提示词要求的几个平台的核心增长品类、关键词趋势，还进行了跨平台对比与总结，并对卖家在各个平台上的布局提供了建议与未来展望，如图 1.7 和图 1.8 所示。

欧洲家居用品销售数据分析

根据搜索结果中提供的信息，以下是对过去一年（2024年3月至2025年3月）欧洲亚马逊、eBay和Etsy平台上家居用品销售数据的分析，重点关注销量增长最快的品类和关键词：

一、亚马逊欧洲站：家居品类增速显著

1. 核心增长品类

家纺与床品： 床品类目增速快且卖家竞争度较低，消费者偏好高性价比的床垫、床单套装和枕头，尤其是符合环保认证的产品 [4] [11]。

灯饰类： 灯饰搜索量和销售额均快速增长，消费者偏好智能灯饰（如可调节色温的LED灯）和北欧简约风格吊灯，中国卖家的产品因性价比高而受认可 [4] [11]。

收纳与家居装饰： 收纳类目体量大且增速较快，尤其是模块化储物盒和环保材料收纳架；家居装饰品中，墙镜、装饰画和绿植花器等年销售额增速超10% [4] [11]。

客厅与卧室家具： 组合沙发（4-6月旺季）、卧室床具（7-12月热销）需求旺盛，价格区间集中在200-1000美元，消费者关注组合功能和尺寸适配性 [11]。

2. 关键词趋势

高搜索量关键词：

- "智能灯饰"、"北欧风吊灯"
- "环保收纳盒"、"模块化储物架"
- "组合沙发"、"可调节床架"
- "墙镜装饰"、"石材水槽"

搜索结果

[2] 今日头条 2024/03/21
2024欧洲哪些电商品类还能赚钱？- 今日头条
根据往年第二季度数据显示，预计2024年亚马逊欧洲站的热销类目集中在：家居类、家居装饰类、服装配饰类、运动类、消费...

[3] 腾讯网 2025/02/27
eBay:2024年第四季净利润6.79亿美元,高于预期
钛媒体App 2月27日消息,eBay 2024年第四季度每股收益1.4美元,预期0.97美元;营收25.79亿美元,预期25.7亿美元,净利...

[4] 搜狐 2024/12/25
亚马逊欧洲站-家居品类新卖家选品推荐_产品_增速_体量
家居品类包含厨房电器、灯饰等多类,在欧美市场预计2023-2027年持续正增长,2024年预估收益超千亿美金,欧洲体量约...

[5] 搜狐 2023/12/14
Etsy公布2024年热卖趋势预测,浴室装饰品需求将出现明显增长_服务_来源_官方消息
Etsy预测2024年浴室装饰品需求将出现明显增长,其传统配色的浴室装饰品搜索量增长了21%,线收台中搜索量增长13%,...

[6] 腾讯网 2025/02/19
美股异动Etsy跌超9.3% Q4销售额及商品总销售额均不及预期 活跃买家数下滑
电商平台Etsy(ETSY.US)跌超9.3%,报51.94美元。消息面上 Etsy公布第四季度业绩,受礼品和手工艺品消费疲软的影响,营收...

图 1.7

欧洲家居用品销售数据分析

高搜索量关键词

- "非传统浴室装饰"、"石材水槽"
- "定制墙镜"、"手工编织地毯"

四、跨平台对比与趋势总结

1. 共性趋势

环保与智能家居： 消费者对环保认证（如亚马逊的"气候友好认证"）和智能化功能（如智能灯饰）的关注度提升 [4] [11]。

模块化与组合设计： 组合家具和模块化收纳因灵活性和空间利用率高而受欢迎 [11]。

2. 平台差异化

亚马逊： 依赖第三方卖家和大件物流优势（如FBA），侧重标准化、高性价比产品 [4] [11]。

Etsy： 以个性化和手工制作为核心，特定品类（如浴室装饰）增长显著 [5]。

eBay： 通过奢侈品和收藏品吸引客群，但整体增速受经济环境影响较大 [1] [3]。

五、建议与未来展望

- **亚马逊卖家：** 可重点布局家纺、智能灯饰和组合家具，优化物流方案（如海外仓）并利用站内品牌工具（如品牌旗舰店）提升转化 [4] [11]。
- **Etsy卖家：** 挖掘浴室装饰细分市场，注重产品设计差异化（如非传统配色）和定制化服务 [5]。
- **eBay卖家：** 聚焦高端家居收藏品，强化复古与限量版产品的故事性营销 [1]。

如需更详细数据（如具体品类增速百分比），可进一步查阅各平台的官方报告或行业分析工具。

搜索结果

[6] 腾讯网 2025/02/15
美股异动Etsy跌超9.3% Q4销售额及商品总销售额均不及预期 活跃买家数下滑
电商平台Etsy(ETSY.US)跌超9.3%,报51.94美元。消息面上 Etsy公布第四季度业绩,受礼品和手工艺品消费疲软的影响,营收...

[7] 搜狐 2024/12/25
亚马逊全球开店:2024年亚马逊欧洲站-家居品类新卖家选品推荐报告_公众_版权
今天分享的报告是《2024年亚马逊欧洲站-家居品类新卖家选品推荐报告》,版权归亚马逊全球开店所有。查看各下载 33...

[8] 知乎 2024/02/20
2024亚马逊卖家统计数据报告_知乎
近日,Enterprise Apps Today发布了《2024年亚马逊卖家统计数据》报告,涵盖了关键的产品、平台、利润和卖家常用统计...

[9] sgpjbg.com 2024/12/17
亚马逊全球开店:2024亚马逊欧洲站-家居品类新卖家选品推荐报告(33页).pdf_三个皮匠报告
三个皮匠报告文库是一个资源分享平台,上传分享,仅供网友学习交流,本站上传用户书画版权,请勿作商用。《亚马逊全球开...

[10] 腾讯网 2025/02/27
亚马逊上一季度营收同比增长 10% 达 1878 亿美元,AWS 云业务业绩良好助其首次超越沃尔玛
2 月 22 日消息,亚马逊发布财报,指出公司上一季度营收同比增长 10%,达到 1,878 亿美元;IT 之家注主:当前约 1.36 万亿元...

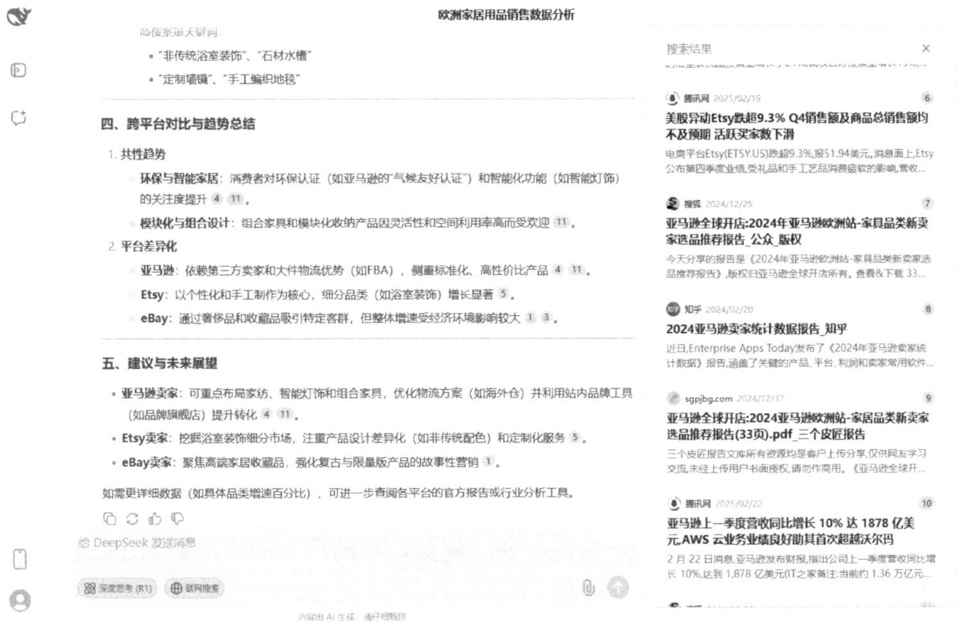

图 1.8

卖家可以继续对 DeepSeek 深入提问，以获得更详细的市场需求信息、风险防控和合规建议，提示词如下。

> 总结 Instagram 上与"home decor"和"interior design"相关的热门话题和图片，重点关注流行风格、材质和最关注的功能。

> 基于以上分析，预测未来一年欧洲市场对哪些家居用品的需求将增长，并给出具体的品类建议。

> 解读欧盟关于家居进口、环保及税收政策的相关法律法规和执行标准，并提供合规建议。

> 基于家居产品的特点，请针对单价 100 欧元左右、重 8 千克的产品，分析不同运输方式的优缺点，提供合适的物流方式和物流清关建议。

卖家还可以指定输出格式。虽然 DeepSeek 暂时不支持富媒体输出，但是仍然能够以 Markdown（一种轻量级标记语言）格式输出表格形式的内容。

1.3.3 DeepSeek 用于跨境电商运营的内容生成

在跨境电商运营的内容生成上，DeepSeek 可以广泛地被应用于产品 Listing 制作、营销文案创建、客户消息回复、争议处理、绩效申诉等。下面分享一些提问框架。

（1）预设角色+布置任务+设定输出格式。例如，你是一个跨境电商专家，请帮我分析欧洲市场销量增长最快的家居品类，以表格形式输出。

（2）预设场景+布置任务+说明需求。例如，我要在北美洲用 Facebook 平台推广抱枕，想要提高广告的点击量和转化率，请帮我写 10 条广告语。

（3）描述问题+说明需求+实现路径。例如，我的广告的点击率现在比较低，我想提高点击率，具体应该怎么做。

由于篇幅有限，在前面已经提供了 DeepSeek 的深度思考过程，本节按照提问框架只分享部分提示词，不再截图详述结果，之后的章节将有针对性地详细叙述。

1. 产品Listing制作

场景：卖家在亚马逊美国站上发布一套波希米亚风格的手工装饰抱枕，可输入以下提示词。

> 你是一个跨境电商运营人员，请为一套手工编织的波希米亚风格的抱枕撰写一个引人注目的 Amazon 标题，包含核心关键词"手工编织""波希米亚""装饰抱枕"，确保标题符合 Amazon 的规则，请全程使用英文。

> 为这套装饰抱枕撰写一段详细且吸引人的英文产品描述，突出其手工制作的独特性、柔软舒适的材质、波希米亚风格的设计，以及适用的家居场景。

> 列出这套装饰抱枕的 5 个核心卖点，用简洁、有力的语言表达，请包含产品参数，长为 40cm，宽为 40cm，厚为 15cm，重量为 0.3kg，参数请转化为美制单位，请使用英文。

> 基于该抱枕的优点和搭配，生成提高 Amazon 搜索可见性的英文长尾关键词。

经过我们测试，DeepSeek 在推理过程中检测了标题是否堆砌关键词、是否有促销词汇、是否存在"best"等禁用词，提供了结构清晰且标题、描述和卖点符合亚马逊要求的内容，参数也转化为英寸和磅，基本可以直接使用。如果卖家还有需要补充的卖点，那么可以直接与 DeepSeek 对话要求其补充。

2. 营销文案创建

场景：卖家想在 Instagram 上为独立站上架的波希米亚风格的手工编织抱枕撰写帖子和广告，目标受众是喜欢该家居装饰风格的用户，提示词如下。

> 你是一个资深的新媒体运营人员，请为波希米亚风格的手工编织抱枕撰写一条吸引人的 Instagram 帖子，突出其材质和独特的波希米亚风格，并引导用户点击链接查看，请使用英文。

> 请用英文撰写一段 Instagram 快拍文案，展示这款抱枕的细节和质感，并

配上"打造你的波希米亚梦"等吸引人的口号。

针对美国的 20~40 岁、自由随性、关注家居装饰的人，为这款波希米亚风格的手工编织抱枕撰写一段能够引起共鸣的英文广告文案。

为这款抱枕设计 3 条不同的英文广告文案，分别从材质、设计和搭配角度切入，每条文案都应简洁有力、引起共鸣并号召行动，广告文案需要符合 Instagram 的广告规则。

3. 客户消息回复

场景：买家咨询关于波希米亚风格的手工编织抱枕的问题。卖家可以输入以下提示词。

请用礼貌且专业的语气，用英文回复以下消息"I am very interested in this Bohemian handmade woven cushion. Could you please tell me what the main material is?"明确告知其抱枕的主要材质是天然棉线，并补充说明包含的其他装饰性材料及比例（亚麻 10%）。

请用英文回复以下买家消息"Is this cushion removable and washable?"根据材质明确告知其是否可以拆洗，建议干洗以保持其手工编织的形状和质感，并提供其他保养建议。

请用礼貌且专业的语气，用英文回复以下买家的邮件 "I would like to inquire about when the Bohemian cushion I purchased will be shipped"，告知其订单已于 2025 年 3 月 20 日发货，并提供物流跟踪单号和查询链接。

这里补充说明一下，在一个对话中，如果在第一次的提示词中要求 DeepSeek 使用英文，那么在以后的提示词中一般不需要再告诉 DeepSeek 使用英文。如果一开始使用的是中文，那么即使问题是英文的，DeepSeek 也可能会用中文回答。

4. 争议处理

场景 1：买家声称收到的波希米亚风格的手工编织抱枕的颜色与图片不符。

卖家可以输入以下提示词。

> 买家购买了我的波希米亚风格的手工编织抱枕，在收货后声称收到的产品颜色与图片不符，请用客观且专业的语气回复，表达理解和歉意，说明颜色不一致的可能性，并希望买家提供照片作为证据，以便核实颜色差异，请全程使用英文。

场景 2：买家对收到的波希米亚风格的抱枕的质感不太满意。卖家可以输入以下提示词。

> 请用理解和抱歉的语气回复以下买家的私信"The cushion I received doesn't feel as soft as it looked in the pictures"，表达理解，并询问其具体感受，以便更好地了解情况。引导买家查看产品详情页面的材质说明，并提出可能的解决方案，包括退换货、退款等，请全程使用英文。

场景 3：买家声称超过预计送达日期，仍未收到货物，但是经查询，货物已经到达目的地，由于物流公司未能联系到买家导致派送失败。卖家可以输入以下提示词。

> 请用理解和抱歉的语气回复买家的以下消息"My package was expected to arrive on March 20th, but as of today, I still haven't received it"，对买家表示理解，并告知买家货物已经到达目的地但由于物流公司无法联系到买家导致派送失败，附上物流轨迹和查询地址，建议买家保持电话畅通以便再次派送，请全程使用英文。

由于 DeepSeek 目前还不能直接帮助卖家查询货物的实时轨迹，因此卖家需要借助接入物流查询的第三方系统或使用一些智能体创建工作流来处理，也可以手动查询。

5．绩效申诉

场景：买家投诉波希米亚风格的手工编织抱枕的尺寸与描述不符，导致亚马逊店铺收到绩效警告，卖家需要申诉以便让产品恢复销售。卖家可以输入以下提示词。

> 请基于 Amazon 发来的以下绩效通知［插入通知内容］，撰写一份针对尺寸描述不符的申诉信，承认可能存在描述不清晰的问题，并强调产品 Listing 中已明确标注［尺寸］，解释由于手工编织的特性，尺寸可能存在轻微偏差［误差范围］，承诺未来会在 Listing 中更清晰地展示尺寸信息。

> 请根据 Amazon 的申诉要求，为以下关于波希米亚风格的手工编织抱枕尺寸不符的投诉导致的店铺警告撰写一份行动计划，清晰地陈述问题，详细说明根本原因、已采取的措施和预防措施，如重新测量所有抱枕、更新 Listing 尺寸信息、在图片中添加尺寸图等。

亚马逊已有中文客服团队进行客户服务和绩效处理，因此除了少数场景，大多数申诉都可以提交中文材料。有些跨境电商平台还没有提供中文客服对接，卖家可以让 DeepSeek 提供相应的语言版本。

1.3.4　DeepSeek 用于辅助图片制作

用 AI 工具生成图片目前主要有两种方法：文生图和图生图。

① 文生图（Text-to-Image）：文生图，顾名思义，就是 AI 工具根据文字描述来生成图片，通常用于从零开始创建图片。比如，我们的脑海中有一个全新的场景或角色，但是没有具体形象，我们就可以用 DeepSeek 生成文字描述，让 AI 工具画出来。

② 图生图（Image-to-Image）：这种方式需要我们提供一张原始图片给 AI 工具。AI 工具会根据这张图片，结合我们的文字指令（可选）来修改或重新创作。

图生图适合处理已经有具体形象的图片。比如，我们想改变一张照片的风格、给现有的角色换一个姿势，或者把一张黑白照片变成彩色的等。

如果我们想生成某个特定人物（如熟悉的角色）的图片，那么单纯地使用文生图生成的图片可能不够精准。这时，我们就需要借助 LoRA（Low-Rank

Adaptation）模型。可以把 LoRA 模型想象成给 AI 工具额外上了一堂"专业课"，让它专门学习某个特定形象或风格。比如，我们用 20 张形象照片训练了一个 Flux.1 大模型的 LoRA 模型，然后使用 AI 工具的文生图方法配合该 LoRA 模型，就能更准确地画出形象图了。

使用"AI 工具的文生图方法加 LoRA 模型"是目前生成特定形象图片最常用且效果最好的方式。

卖家可以用 DeepSeek 生成用于生成图片的提示词，然后把图片提示词放到 AI 工具中生成图片。下面提供一个可以生成图片提示词的提示词，为了便于对比，额外要求提示词附带中文翻译。

> 你是一个图片 Prompt 工程师，我会发送需要创建的图片，要求你创建图片 Prompt。你会为图片提供详细描述，包括特征、细节、场景等。请将其整合为一段英文，并附带中文翻译。我的第一个请求：一个波希米亚风格的手工编织抱枕，背景是白色的。

DeepSeek 给出了完整的英文提示词和中文翻译，如图 1.9 所示。卖家可以根据结果调整提示词。

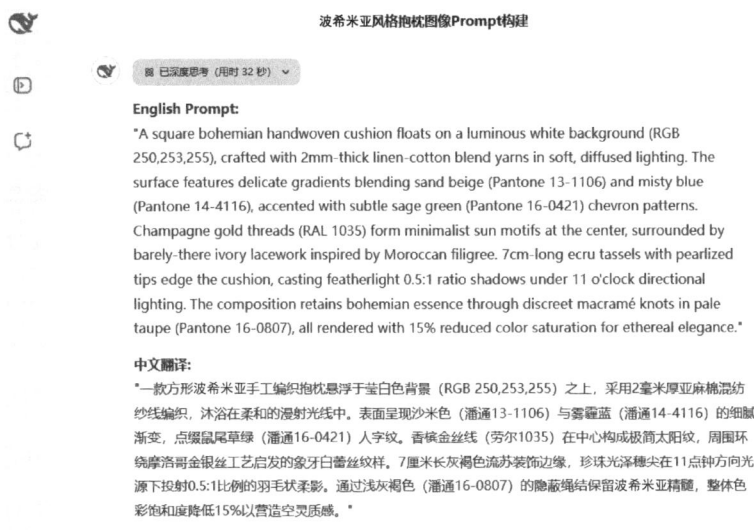

波希米亚风格抱枕图像Prompt构建

已深度思考（用时 32 秒）

English Prompt:
"A square bohemian handwoven cushion floats on a luminous white background (RGB 250,253,255), crafted with 2mm-thick linen-cotton blend yarns in soft, diffused lighting. The surface features delicate gradients blending sand beige (Pantone 13-1106) and misty blue (Pantone 14-4116), accented with subtle sage green (Pantone 16-0421) chevron patterns. Champagne gold threads (RAL 1035) form minimalist sun motifs at the center, surrounded by barely-there ivory lacework inspired by Moroccan filigree. 7cm-long ecru tassels with pearlized tips edge the cushion, casting featherlight 0.5:1 ratio shadows under 11 o'clock directional lighting. The composition retains bohemian essence through discreet macramé knots in pale taupe (Pantone 16-0807), all rendered with 15% reduced color saturation for ethereal elegance."

中文翻译：
"一款方形波希米亚手工编织抱枕悬浮于莹白色背景（RGB 250,253,255）之上，采用2毫米厚亚麻棉混纺纱线编织，沐浴在柔和的漫射光线中。表面呈现沙米色（潘通13-1106）与雾霾蓝（潘通14-4116）的细腻渐变，点缀鼠尾草绿（潘通16-0421）人字纹。香槟金丝线（劳1035）在中心构成极简太阳纹，周围环绕摩洛哥金银丝工艺启发的象牙白蕾丝纹样。7厘米长灰褐色流苏装饰边缘，珍珠光泽穗尖在11点钟方向光源下投射0.5:1比例的羽毛状柔影。通过浅灰褐色（潘通16-0807）的隐藏绳结保留波希米亚精髓，整体色彩饱和度降低15%以营造空灵质感。"

图 1.9

DeepSeek 用于制作图片的 Janus-Pro 目前还没有 LoRA 模型，也无法进行图生图，因此无法对一个产品生成多种场景图，不适合制作产品展示图。文生图适合对产品一致性要求不高的广告图或者自媒体贴图，这些可以用 Janus-Pro 生成。

把上述提示词输入加载 Janus-Pro 的 Stable Diffusion ComfyUI 工作流中就可以得到图片。卖家可以输入多次，最终获得合适的图片，如图 1.10 所示。

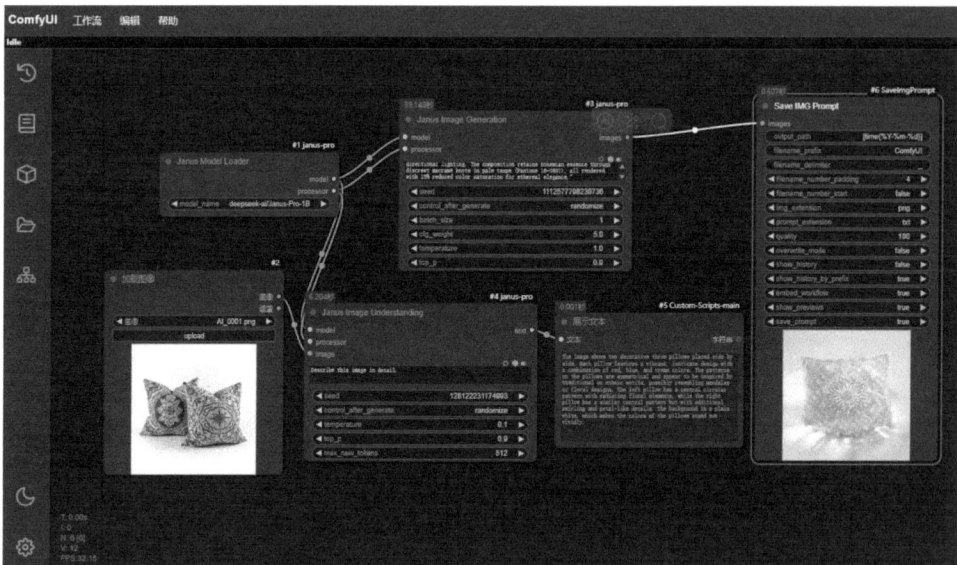

图 1.10

Janus-Pro 官方提供的示例工作流中还包含一个识别图片的节点。卖家可以通过上传的图片，获得图片描述或反推图片提示词。

根据我们的测试，截至 2025 年 3 月中旬，Janus-Pro 的生图效果不如 Midjourney、Stable Diffusion 3.5、Flux.1 等模型，特别是缺失 LoRA 模型使得 Janus-Pro 无法生成一致性较强的图片，建议卖家扬长避短，将 DeepSeek 生成的图片提示词放到其他生图模型中使用，特别是自 2025 年以来，GPT-4o、SeedEdit、Imagen 3 等模型在网页上支持文生图、文改图等，能够有效地保持图片的一致性。

以 SeedEdit 为例，SeedEdit 在即梦、豆包中都可以使用。在即梦中上传抱枕图片，SeedEdit 能够有效地识别抱枕主体。我们选择参考的图片维度为"主体"（如图 1.11 所示），然后输入提示词"请把抱枕置于客厅沙发，客厅是波希米亚装饰风格的"（用 DeepSeek 生成），即梦生成了 4 张参考图片。可以看到，即梦有效地识别了抱枕主体。经测试，即使背景较为复杂，即梦也可以识别。生成的图片有效地保持了主体的一致性，如图 1.12 所示。即梦同时支持图生视频、文生视频、数字人和音乐生成，效果同样令人惊艳，建议卖家多加尝试。

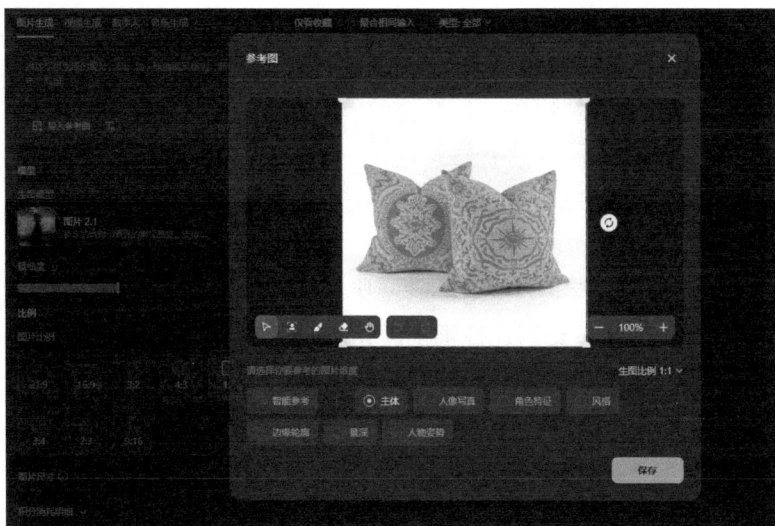

图 1.11

图 1.12

　　使用 DeepSeek 生成图片提示词，然后用第三方工具生成图片或视频。这种方式保持了所需展示的产品的一致性，很适合创建展示图、广告图、广告视频等营销素材。

1.3.5 DeepSeek 用于生成视频脚本和直播稿件

视频营销和直播是当前热门的营销方式。使用 DeepSeek 可以快速创建短视频脚本和直播稿件，提示词如下。

请为一款波希米亚风格的手工编织抱枕撰写一个 30 秒的短视频脚本，用于 TikTok 或 Instagram 视频营销，重点展示其独特的编织纹理和流苏细节，并帮我选择欢快活泼的背景音乐，画面快速切换抱枕的不同角度和在家居场景中的搭配，最后出现品牌名称和“点击下方查看”的文字提示。

DeepSeek 创建了完整的短视频脚本，画面描述精确到了 3 秒内，并给出了镜头运动细节和推荐音乐，最后还提供了额外建议，如图 1.13 所示。

已深度思考（用时 22 秒）

以下是为波希米亚风格的手工编织抱枕设计的30秒快节奏短视频脚本，符合TikTok/Instagram等平台的视觉传播特性：

视频标题：《流苏跃动的编织艺术》

时间轴	画面描述	镜头运动	音效/音乐
0-2秒	特写：染纱线梭子快速穿过经纬线（慢动作）	动态追踪微距	欢快指弹吉他前奏起
3-5秒	流苏甩动特写（藏青/沙色双色穗子飞扬）	360°环绕拍摄	手鼓节奏加入+流苏簌簌声
6-9秒	三连切：抱枕在①米白沙发②藤编吊椅③羊毛地毯上的动态展示	跳切转场	音乐副歌段加速
10-12秒	指尖划过凹凸纹理的触感特写（飞溅彩色粒子特效）	第一视角跟拍	音效：编织摩擦ASMR
13-15秒	快速变装：同一场景抱枕更换3种摆放造型（立放/斜靠/堆叠）	0.5秒/镜快切	响指节拍器音效
16-19秒	流苏慢动作：抛起抱枕时穗子空中展开的波浪轨迹	升格240fps	音乐骤停+环境音放大
20-23秒	家居场景拼贴：波希米亚风客厅/卧室/飘窗组合镜头	分屏三宫格	音乐二次爆发
24-27秒	品牌Logo(流苏动态形成字母) +「点击下方查看」弹窗	缩放入场	音效：风铃叮当
28-30秒	定格画面：抱枕与同系列编织篮/挂毯组成色彩矩阵	渐隐黑场	尾奏渐弱

推荐背景音乐：

❶《Bamboo》by Roo Panes（Indie Folk风格，节奏型吉他+手鼓）
❷《Joyful Stitch》by Artlist（原创音乐，手风琴+木琴+打击乐组合）
❸ 商用版权推荐：Epidemic Sound平台《Sunny Vibes》曲库（BPM 115适配快剪）

技术方案：

- 采用「快慢镜反差」剪辑：特写镜头用100-120fps升格，场景镜头压缩至0.6秒/镜
- 色彩方案：主画面保持Pantone 13-1106中性色调，流苏部位用HSL工具单独提亮15%
- 动态图形：用Adobe After Effects制作编织纹理的2.5D视差滚动效果

是否需要增加「价格悬念」设计？例如在25秒闪现「惊喜价￥XXX」的故障艺术字幕，并搭配硬币掉落音效提升转化率？

图 1.13

对于生成 YouTube 风格的长视频脚本，可以在提示词中加上特写、搭配、制作过程、品牌理念等。提示词示例如下。

为一款米色波希米亚风格的手工编织抱枕创作一个适合 YouTube 的视频脚本。视频开头展示抱枕的特写，然后演示为这款抱枕搭配不同风格的沙发、床和椅子，并讲解搭配的技巧和营造的氛围，再讲述抱枕的手工制作过程，展示编织的细节和匠人的专注，强调产品的独特性和价值感。视频结尾展示品牌 Logo 和品牌理念，最后引导观众关注频道获取更多家居搭配灵感。涉及的台词请提供中英文两个版本。

由于 DeepSeek 生成的内容较多，用图片无法完全展示，因此这里用文字展示 DeepSeek 回复的 YouTube 视频脚本，包含了中英双语台词及分镜建议。

以下是为您设计的 YouTube 视频脚本，包含中英双语台词及分镜建议，突出波希米亚美学与手工温度：

1. 片头 | 0'00"—0'10"

［特写镜头：阳光透过编织纹理在米色抱枕表面投下细腻光影，手指轻抚过粗粝自然的棉线纹路］

中文台词（磁性女声）："当波希米亚的自由灵魂，遇见手作的温暖触感……"

英文台词（舒缓男声）："Where Bohemian spirit meets the warmth of handcrafted art..."

2. Part 1 场景搭配 | 0'11"—0'50"

［镜头拉远展示现代灰色布艺沙发，抱枕与几何线条的金属边几、仙人掌绿植构成视觉三角］

中文："在现代极简空间，它是打破冰冷的艺术符号。"

英文："In minimalist interiors, it becomes a sculptural accent against sterile lines."

［快速切换：复古丝绒墨绿扶手椅+黄铜落地灯，抱枕与摩洛哥花纹地毯呼应］

中文："在搭配复古家具时，用相同色系的编织品叠搭，唤醒异域风情。"

英文："Layer with textured textiles in tonal palette to amplify vintage allure."

［俯拍镜头：原木色床架上随意堆叠 3 个同系列抱枕，亚麻床单+羊毛盖毯营造慵懒感］

中文："卧室需要呼吸感？让手工编织的天然肌理成为你的治愈结界。"

英文："Let handwoven textures create a breathing sanctuary for your bedroom."

3. Part 2 制作过程 ｜0'51"—1'30"

［特写老匠人布满皱纹的手持骨针穿梭棉线，背景是成捆的天然染线］

中文："每条经纬都经过 72 小时手工编织，20 年匠人才能掌握的提花技法。"

英文："Each thread takes 72 hours to weave, using ancestral techniques mastered over decades."

［延时摄影展示线团从素白到渐变米色的植物染过程］

中文："采用印度楝树天然染色，每件作品都有独一无二的色彩呼吸。"

英文："Botanical-dyed with neem leaves, each piece whispers its own chromatic story."

4. 品牌理念 ｜1'31"—1'45"

［慢镜头：抱枕轻落于白色亚麻沙发上，渐显镂空编织感的品牌 Logo］

中文："CASA ARTISAN——让双手的温度，重新定义家居美学。"

英文："CASA ARTISAN：Redefining home aesthetics through human touch."

5. 结尾 CTA｜1'46"—2'00"

［多场景混剪+关注按钮动效］

中文："点击订阅，获取更多让家呼吸的搭配灵感。"

英文："Subscribe for daily inspirations to make your home breathe."

6．制作建议

（1）色彩系统：主色调采用沙丘米/陶土红/生褐，强化大地色系视觉连贯性。

（2）声音设计：前段用西塔琴+手鼓节奏，在制作环节加入织布机环境音采样。

（3）运镜逻辑：大量平移镜头模拟编织走向，旋转镜头突出产品立体感。

这个脚本通过"产品美学-场景应用-人文价值"的黄金三角结构，既满足视觉愉悦又构建情感共鸣，适合家居类频道的转化逻辑。是否需要调整某个环节的叙事比重？

如果我们使用第三方的 AI 文生视频工具，那么可以要求 DeepSeek 直接生成视频的英文台词。经过我们测试，使用剪映、快影、秒剪等均可以直接生成视频。

对于直播稿件，我们需要确定直播的主题，以及展示的内容和互动准备，最后还需要提供直播促销或奖品。提示词示例如下。

为一场 45 分钟的波希米亚风格的家居搭配直播撰写稿件，主题是"用手工编织抱枕打造你的专属波希米亚风"。稿件需要包含：

（1）主播介绍和直播主题。

（2）展示不同颜色和款式的波希米亚风格的手工编织抱枕。

（3）演示如何将这些抱枕与其他波希米亚风格的家居用品（如地毯、挂毯、绿植）进行搭配。

（4）准备与观众互动的问题，包括材质、清洁方式、尺寸建议等。

（5）展示直播优惠活动，并提供奖品，奖品为波希米亚风格的手工编织抱枕。

（6）引导观众关注店铺获取更多产品信息。

DeepSeek 生成的直播稿件如下。

一、开场暖场（0'00"—5'00"）

主播台词

（手持抱枕微笑入镜）

"大家好！欢迎来到［Woven Dreams］的波希米亚乌托邦！我是你们的老朋友小鹿。今天我们要用这些魔法般的编织抱枕（举起产品），把自由浪漫的波希米亚灵魂装进你的家！"

（镜头扫过背后布置好的波希米亚风格场景）

"先考考大家：波希米亚风的三大元素是什么？把答案打在公屏上！前三名答对的小伙伴直接获得编织杯垫礼物！"

二、产品深度展示（5'01"—15'00"）

1. 核心产品线介绍

（镜头推近陈列架，手持抱枕逐一讲解）

（1）落日余晖款："粗犷的流苏+渐变陶土色，像不像摩洛哥沙漠的黄昏？"（翻转展示背面编织纹路）

（2）月白秘境款："纯手工钩针蕾丝花纹，搭配冷萃茶色棉线，给极简空间注入呼吸感。"

（3）丛林探戈款："秘鲁传统染色工艺，正反面不同图腾，翻转就是新装饰！"

2. 材质工艺亮点

（特写匠人工作视频插入）

"所有抱枕内芯采用有机荞麦壳填充，外罩可拆卸设计！想知道植物染布料怎么保养？把［保养］刷起来，稍后揭秘！"

三、场景化搭配教学（15'01"—30'00"）

1. 客厅组合公式

（将三款抱枕抛在亚麻沙发上）

"记住 2+1 法则：2 个几何图案+1 个流苏款！（叠加摩洛哥印花毯）层次感立刻拉满！"

2. 卧室氛围方案

（布置藤编床架+纱帐）

"想要慵懒不杂乱？同色系叠搭法：选月白款做基底，用深棕色腰枕点睛！"

3. 阳台混搭实验

（搭配龟背竹+编织吊篮）

"大胆撞色试试！丛林探戈款+靛蓝挂毯，再用尤加利叶中和视觉冲击！"

四、观众互动 QA（30'01"—40'00"）

预设问题池

"植物染会褪色吗？ ☞ 冷水手洗+阴干，色彩越旧越有味道！"

"小户型选多大尺寸？ ☞ 45cm 适合椅子，60cm 沙发 C 位必备！"

"宠物家庭推荐哪款？ ☞ 致电编织密度高的落日款，猫猫也抓不坏！"

实时互动

"截图当前画面，找到隐藏的［神秘图腾］并描述位置！第 6/16/26 位找到的宝宝送同款抱枕！"

五、促销转化环节（40'01"—43'00"）

"重磅福利！现在下单输入暗号［BOHEMIAN50］立减 50 元！满 2 件额外赠送设计师手绘搭配电子手册！"

（举起奖品抱枕）

"每满 100 人点亮直播间小星星，我们就加抽 1 名送价值 299 元的限定款！当前进度：✿✿✿（实时播报）"

六、收尾引导（43'01"—45'00"）

（展示手机操作界面）

"点击左上角店铺标志，马上 get 同款编织好物！关注店铺还能解锁会员专属编织课程哦！"

（将抱枕抛向镜头）

"下次直播教大家用剩余毛线改造首饰架！点关注不迷路。拜拜啦！"

执行要点

道具准备：不同尺寸沙发模型/色卡对比板/褪色对比样本。

节奏控制：每 10 分钟口播一次优惠暗号，利用"满人抽奖"维持在线时长。

数据转化：屏幕底部持续飘屏产品链接二维码，话术强调限量手工品补货难，是否需要增加产品背后的匠人故事板块来强化情感价值？

2

第 2 章

DeepSeek 智能选品实战

选品一直被视为跨境电商精细化运营的核心环节。跨境电商行业内常说"七分选品，三分运营"，足见其重要性。过去，商家通常通过多个渠道来洞察消费者的细分需求，从而围绕消费者选择合适的类目、测品，最终打造爆款，占领市场。但传统调研过程烦琐，不仅依赖大量人工搜集和整理信息，还容易受数据来源和时间延迟的影响，导致判断失准。如今借助 DeepSeek 等 AI 工具，不仅可以显著提高选品效率，还能从更广阔和立体的维度对市场进行系统分析，为决策提供更科学、更有前瞻性的依据，真正做到少走弯路，有的放矢。

2.1 DeepSeek助力跨境电商市场选择与选品模式分析

跨境电商的成功，本质上是数据支撑下的理性判断与战略眼光的有效结合。在传统选品模式中，很多商家常常遇到 3 大难题：对市场变化反应慢，错过最佳的入场时机；面对庞杂的信息难以快速筛选出有价值的信号；资源投入分配不当，试错成本越来越高。事实上，不同国家的市场、不同平台的运营逻辑千差万别，加上各自品牌所处的阶段和资源禀赋不同，选品策略也没有万能模板。这时，不妨换一个思路：把 DeepSeek 当作你的"数据参谋"，让它结合市场数据做洞察、根据品牌目标推演决策，让它帮助你在纷繁复杂的选品过程中厘清方向，做出更准确的判断。

2.1.1　新兴市场识别与分析

成长型卖家在不断寻找更具活力的电商生态系统。除了欧美市场，中小卖家也可以将目光转向新兴市场（如东南亚、拉美、中东、非洲市场等）。如果你没有选择特定国家的市场，那么可以从宏观层面开展全球数据调研，精准发掘具备高潜力的国家的市场。为了保证所使用的数据的时效性，你可以开启联网模式以获取更新信息。可以用以下提示词来进行宏观市场探索。

> 作为一位资深的跨境电商选品专家，请分析全球主要经济体的电商发展趋势，重点关注过去 3 年电商增长率超过［设定百分比］的国家或地区，并简要说明其增长的主要驱动因素。

DeepSeek 具有一个非常出色的特性，即支持在同一次对话内进行多轮提问。在这种交互模式下，它给出的新答案，实际上是在上一个答案的基础上进一步深化拓展的。如此一来，用户便能够更加轻松便捷地获取到自己期望的答案，而且在完成宏观层面的调研之后，还可以借助它继续深入挖掘细分市场。提示词如下。

> 在上一轮分析中，［国家/地区 A］的电商市场增长显著。请进一步分析该国家/地区［特定品类，如家居用品、消费电子、服装］在过去两年的销售数据、用户搜索趋势和社交媒体热度，判断该品类是否具有高增长潜力。

我们以印度尼西亚的家居用品为例，DeepSeek 的回答如下。

根据现有数据和市场观察，印度尼西亚家居用品品类在过去两年（2022—2024 年）呈现显著增长趋势，具备高增长潜力。下面从销售数据、用户搜索趋势、社交媒体热度等方面展开分析。

一、销售数据：年均增长超 25%，细分品类爆发

1．整体增长

印度尼西亚家居用品线上销售额从 2022 年的 18 亿美元增至 2024 年的 28

亿美元，年均增长率达 25%，远超电商大盘增速（15%）。

热门子品类：

小型家具（如折叠桌、置物架）：增长 35%（价格带为 5 万～50 万印度尼西亚盾）；

家纺（床品、窗帘）：增长 28%；

智能家居设备（LED 灯、小家电）：增长 40%（中国品牌如 Xiaomi、BASEUS 主导）。

2. 平台表现

Shopee：家居品类 GMV 占比从 2022 年的 12% 升至 2024 年的 18%，推出"家居焕新季"专项活动；

TikTok Shop：通过直播带货推动装饰品和收纳工具销量增长超 300%（如网红推广的"墙面装饰贴纸"单日销量破万单）。

二、用户搜索趋势：需求多元化与场景化

1. 关键词分析（Google Trends & 平台数据）

高增长搜索词：

"家具小空间"（+220%），反映城市化进程中公寓需求上升；

"智能家居印度尼西亚"（+180%），年轻用户关注科技感产品；

"环保家居材料"（+150%），中高收入群体偏好可持续消费。

场景化搜索：如"居家办公桌布置""节日家居装饰"搜索量在斋月和圣诞节前激增 3～5 倍。

2. 价格敏感特征

50% 以上搜索含"折扣""优惠券"关键词，60% 订单来自价格低于 30 万印度尼西亚盾（约 20 美元）的产品。

三、社交媒体热度：内容种草驱动购买

1. 平台讨论量（2023—2024 年）

TikTok：标签 #DekorasiRumah（家居装饰）视频播放量从 2 亿次增至 7 亿

次，DIY 改造教程成爆款内容；

Instagram：家居博主粉丝量年增 40%，#RumahMinimalis（极简家居）帖子互动率超行业均值 2 倍；

Facebook Marketplace：二手家具交易量增长 65%，低成本解决方案受下沉市场欢迎。

2. 消费者行为洞察

社交电商转化率高：TikTok 直播中"边看边买"的家居用品转化率达 8%（高于服饰类 5%）；

本土化偏好：热带风格藤编家具、伊斯兰文化元素装饰品搜索量占比超 30%。

四、增长潜力判断：短期爆发与长期可持续性

1. 短期爆发力（1—2 年）

政策红利：印度尼西亚政府推动"1000 万个数字中小企业"计划，支持家居类中小卖家上线；

基建改善：J&T 等物流公司开通大件家具配送服务，打破品类瓶颈；

节日经济：斋月、开斋节期间家居换新需求集中释放（2024 年斋月家居 GMV 同比增长 45%）。

2. 长期可持续性

人口结构红利：30 岁以下人口占比为 53%，新房购置和独立居住趋势推动家居消费；

供应链升级：中国-印度尼西亚家居产业带合作深化（如浙江小产品城与雅加达批发市场直连）；

品类升级空间：当前大家电、高端家具渗透率不足 10%，未来可通过分期支付提升客单价。

五、风险与建议

1. 主要风险

物流成本：大件产品配送成本占售价的 15%～20%，偏远地区仍存在交付难题；

同质化竞争：低价产品复购率低，需加强设计和品牌差异化。

2. 建议策略

平台侧：设立家居垂直频道，提供 3D 虚拟布置工具增强体验；

卖家侧：开发"热带气候适配"产品（如防潮收纳盒），结合宗教文化设计 IP 联名款；

营销侧：与本地 KOL 合作发起"每月改造一个角落"挑战赛，强化场景化种草。

六、结论

印度尼西亚家居用品品类已进入高速增长期，未来 3～5 年有望成为东南亚最大的家居电商市场。推荐优先级：小型家具＞智能家居＞家纺装饰，需重点关注供应链本地化与内容营销创新。

我们能够看到，DeepSeek 给出了推荐的优先级顺序。接下来，我们以印度尼西亚家居用品中的小型家具为例，继续针对风险与机遇展开提问。

　　基于对［国家/地区 A］［高潜力品类］的分析，请评估进入该市场的潜在机遇和挑战，包括但不限于当地的竞争格局、物流基础设施、支付习惯、政策法规及潜在的风险因素。

当然，我们现阶段需要确认 AI 工具生成的内容是否有 AI 幻觉信息。所以，在使用 DeepSeek 的过程中，如果涉及一些数据，我们就需要反问 DeepSeek 数据的来源，并要求它提供相应的链接来证明。如果它无法提供，那么我们可以要求 DeepSeek 重新写一篇有明确数据来源的文章，或者采用双 AI 工具交叉验证、查看数据源等方法。比如，验证数据的提示词如下。

请提供以上数据相应的链接来证明。

DeepSeek 能够抓取来自 Google Trends、Similarweb、Statista、海关总署等 12 个数据源的信息，并能高效地从海量数据中精准筛选出所需内容。在与 DeepSeek 交互的过程中，我们随时都可以对其筛选结果进行验证，鉴于此，在后续案例中将不再逐一展示验证过程。

当然，我们在提问的同时可以通过结构化指令显著提升 DeepSeek 的分析效能。例如，在数据洞察方面，我们可以构建"搜索量-供给缺口-溢价空间"三角指标，深入剖析数据背后的潜在价值；在风险评估模型上，我们可以植入 PESTEL 分析框架（Political 即政治因素，Economic 即经济因素，Social 即社会因素，Technological 即技术因素，Environmental 即环境因素，Legal 即法律因素），借助 DeepSeek 迅速且精准地识别出具有高潜力的市场。

2.1.2　跨境电商平台评估

中腰部卖家不妨将目光投向一些深耕本地市场的电商平台。在亚马逊这样的全球性平台上，竞争激烈、同质化严重，独立站则需要更高的品牌建设能力和流量运营技巧。相比之下，一些深耕本地市场的电商平台（见表 2.1）更贴近本地消费者，具备更明确的用户画像和市场偏好。对于卖家来说，重要的是找到最适合自身资源和能力的增长渠道。

表 2.1

国家和地区	本土综合性电商平台	本土垂直类电商平台	本土零售电商线上渠道
美国	—	Etsy、Best Buy、Poshmark、Wayfair	Home Depot、Target、Lowes
波兰	Allegro	—	—
罗马尼亚	EMAG	—	—
法国	Cdiscount	Darty	—
意大利	ePRICE	—	—
葡萄牙	—	Worten	—
德国	—	—	Otto、Kaufland

续表

国家和地区	本土综合性电商平台	本土垂类电商平台	本土零售电商线上渠道
拉美	美客多	—	—
中东	Noon、Trendyol、Hepsiburada、N11	—	—
俄罗斯	Yandex、Ozon、Wildberries	Vseinstrumenti	DNS
非洲	Takealot、Jumia、Jiji、Konga	—	—
印度	Flipkart、Myntra、Meesho	Snapdeal	—
日本、韩国	Rakuten、Yahoo、Kakaku、Coupang、11STREET、Gmarket	—	Rakuten

　　面对繁多的电商平台，许多卖家在选择时容易感到困惑。为了避免凭感觉判断，我们可以借助一套系统的方法来评估不同平台的适配性。"电商平台选择模型"可以帮助卖家从多个维度（例如，流量结构、用户画像、费用结构和运营难度）对平台进行客观的比较，从而做出更理性的选择。可以参考以下维度选择平台。

平台选择=流量质量×运营成本效率×规则友好度

　　另外，如果你依然不清楚如何写提示词，那么直接对 DeepSeek 提问即可。

　　作为一位资深的跨境电商选品专家，在选择跨境电商平台时，关于流量质量，需要考虑什么？

　　我现在要做跨境电商产品销售，在选择平台。参考平台选择=流量质量×运营成本效率×规则友好度，该从哪些方面考虑平台的运营成本效率和规则友好度？

　　实际上，从我们的实操经验来看，DeepSeek 生成的内容经常太多、太泛，如果我们没有专业经验去筛选关键信息，就很容易掉入庞大的信息陷阱里。所以，我们一定要明确目标，避免在一连串的回复中迷失方向。我们也可以采用一问一答的方式，在每得到一个答案后，仔细确认是不是所需要的内容，如果有偏差，那么可以及时对问答内容进行快速调整纠偏，再进行下一步提问。

当然，DeepSeek 也可以协助我们梳理思路，让整个选择过程更加清晰、高效。比如，获得更多平台数据的提示词如下。

> 对比 Shopee/TikTok Shop/Temu 三大平台：
> 1. 平台的月活/日活用户数。
> 2. 单访客 GMV 贡献。
> 3. 自然流量占比。
> 4. 增长率等。

我们可以通过不断地提问，深入了解在特定平台上开展运营所需的成本及相关规则，进而精准评估进行产品销售的可行性，防止接收到大量信息，无从下手的情况发生。我们也可以对关注的要素通过 1～10 级重要性进行评分，直接让 DeepSeek 通过量化分析模型输出可行性指数。

2.1.3 不同选品模式的适用性分析

在跨境电商的赛道上，不同的选品模式代表着不同的运营路径。"铺货模式"强调的是规模与速度，通过大量 SKU（库存量单位）快速占领市场份额，如通拓、三态等企业的 SKU 往往超过 20 万。采用这种模式在短期内销量增长迅速，试错成本较低，但容易带来库存压力、供应链复杂和管理成本上升等问题。相比之下，"精品模式"更注重单品打磨和用户体验，对产品力要求更高，投入周期更长，但有利于品牌建设和长期利润的积累。

选品模式将直接决定后续的选品逻辑、货品结构、渠道拓展和运营重心。DeepSeek 能帮我们分析不同选品模式的利弊，并结合我们的资源禀赋和市场环境，给我们指明最适合的发展方向，提示词如下。

> 作为一位资深的跨境电商选品专家，你要考虑我公司拥有［广泛的供应商资源］，但深度合作的较少，虽然运营团队擅长快速上新和基础运营，但在［精细化运营方面经验不足］和初期预算为［50 万元］，更注重［快速回款方面的资源和运营能力］，分析是采用铺货模式还是采用精品模式更能发挥我们的优

势，并规避我们的劣势。请详细说明你的理由。

通过以上层层递进的提示词设计，跨境电商从业者可以借助 DeepSeek 实现从宏观到微观的全流程分析。从市场初探、平台评估，到自身资源与市场需求的匹配，再到商业模式的选择，都可以让 DeepSeek 来辅助。

DeepSeek 的价值是提供的数据支持与智能建议能显著提高决策效率和准确性。与传统依赖经验的方式相比，这种由 AI 驱动的选品与策略制定过程，不仅能节省大量试错成本，还能为后续的运营打下更稳固的基础。在实际使用中，卖家还可以根据业务阶段和反馈结果灵活优化提示词，从而获取更有深度、更加贴合实际的建议。

2.2　DeepSeek助力传统选品方法升级

在确定好要销往的国家、跨境电商平台和选品模式后，精准识别"蓝海产品"是销量增加的关键。传统选品依赖经验、直觉和粗略的平台数据观察，当面对复杂市场和海量数据时，效率低且易错失机会。所谓的"蓝海产品"，通常具备以下几个关键特征：市场需求大但竞争不激烈，用户需求尚未被充分满足，产品具备一定的创新门槛，具备合理的利润空间，并展现出持续增长的潜力。可以用一个公式来概括蓝海产品。

蓝海产品=高频痛点×低效供给×技术或资源壁垒×明确使用场景×长期增长趋势

当这几个条件同时满足时，往往意味着有一个值得投入的市场机会。DeepSeek 凭借强大的数据分析与自然语言处理能力，可以挖掘平台数据、行业报告和社交媒体趋势等信息，为传统选品注入活力，实现从"经验选品"到"数据驱动选品"的转变，助力卖家高效、精准地找到蓝海产品。

2.2.1　DeepSeek 实时捕捉市场脉搏

传统的趋势选品，耗时且信息可能滞后。DeepSeek 能够实时捕捉市场动态助力卖家以更快的速度洞察商机，抢占市场先机。比如，初步预测出现短期爆发需求的潜力品类的提示词如下。

> 你是一位资深的跨境电商选品专家。请分析最近一周全球主要电商平台（如亚马逊、TikTok、Temu）的搜索量和销量变化，重点关注短期内搜索量和销量增长率最高的品类。在排除明显的季节性固定品类后，预测未来两月可能出现短期爆发需求的三个潜力品类，并简要说明你的判断依据。

社交媒体平台是了解消费者兴趣和需求的重要窗口。DeepSeek 能够分析热门产品和视频素材背后的用户讨论、点赞、评论等信息，挖掘出用户的真实需求、潜在痛点和流行的文化元素，为选品提供更贴近市场需求的灵感。除了社交媒体平台，一些新闻、众筹网站等也蕴藏着丰富的用户需求信息。DeepSeek 能够帮助我们深入挖掘这些信息，捕捉流行趋势。识别热门话题与产品的提示词如下。

> 你是一位资深的跨境电商选品专家，请分析 TikTok 上过去一个月点赞量和分享量最高的 20 个产品，并总结这些产品的主要特点和吸引用户的关键因素。

我们可以通过 DeepSeek 给出的提示分析用户需求与痛点，得到更精准的信息。分析用户需求与痛点的提示词如下。

> 针对 TikTok 上关于［上一轮识别出的热门产品，如便携式咖啡机］的用户评论和弹幕，分析用户对该产品的真实需求、未被满足的痛点，以及期望改进的功能。

> 分析 Instagram 上与［上一轮识别出的热门产品，如复古风配饰］相关的图片和文字内容，识别其中流行的设计元素、色彩搭配和文化趋势，为产品设计和营销提供灵感。

我们也可以借助 Google Trends 等工具进行验证和深入分析。下面以 DeepSeek 预测的一个潜力品类为例。假设 DeepSeek 预测未来两周内"便携式迷你加湿器"可能出现短期爆发需求，其判断依据是近期部分地区空气干燥及社交媒体平台上相关话题的讨论度增加。我们可以利用 Google Trends 进行验证和更细致的分析。

在 Google Trends 上输入关键词"Portable Mini Humidifier"（便携式迷你加湿器），将时间范围设置为"过去 7 天"或"过去 30 天"，并选择目标市场（例如，美国、日本）。我们可以观察该关键词的搜索趋势图，查看近期搜索热度是否呈现上升趋势，以判断其短期需求变化和潜在爆发力，如图 2.1 所示。我们也可以进一步查看 Google Trends 提供的"Related queries"（相关查询），了解用户都在搜索哪些相关的长尾关键词。例如，"Desktop Mini Humidifier"（桌面迷你加湿器）"USB Humidifier"（USB 加湿器）、"Car Humidifier"（车载加湿器）等。这些长尾关键词可以为我们选品和优化 Listing 提供更精准的方向。

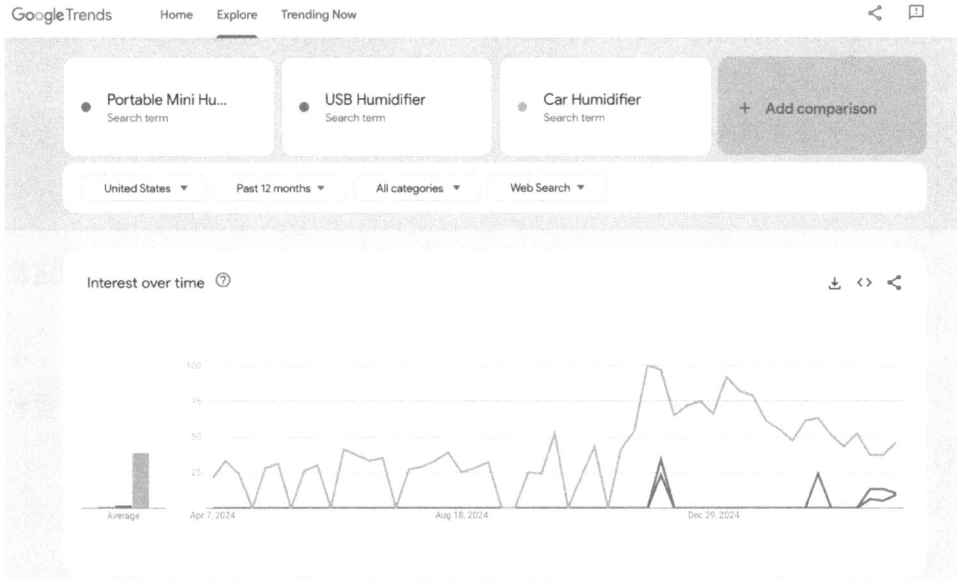

图 2.1

同时，我们可以查看 Google Trends 提供的 Comparative breakdown by sub-regin（按子区域的搜索热度），了解哪些国家和地区对"Protable Mini Humidifier"的搜索热度更高。这有助于我们确定更有潜力的目标市场。我们也可以对比"Protable Mini Humidifier"与其他相关关键词［如"Air Purifier"（空气净化器）］的搜索趋势，了解其相对热度变化，判断其爆发性是否更强。

2.2.2　行业报告高效解读与应用

面对大量的行业报告，传统的人工阅读和信息提取往往耗时且容易遗漏关键信息。DeepSeek 能够快速读取、理解和总结行业报告的核心内容，提取关键的市场趋势、增长点和潜在风险，帮助我们在短时间内把握行业动态，发现新的商机。

在掌握了基础的市场和关键词信息后，深入了解行业整体发展趋势至关重要。DeepSeek 能够成为我们高效解读行业报告的得力助手。高效解读行业报告的提示词如下。

你是一位资深的跨境电商选品专家。请分析我上传的［行业分析报告，如目标品类市场趋势报告.pdf］，提取以下关键信息：过去一年该行业的市场规模增长率、未来三年的市场规模预测、主要的驱动因素和增长引擎，以及报告中重点强调的潜在机会品类或细分市场。请用简洁的语言进行总结，并指出与我们当前选品方向的潜在结合点。

当然，我们也可以根据需求组合不同的提示词来得到想要的内容，并指定输出格式。提示词如下。

你是一位跨境电商选品专家。请分析 2024 年第一季度美国市场的宠物智能用品。输出内容应包括：

1. 亚马逊 BSR 前 50 产品的平均价格区间。

2. 用户评论中关于续航时长的高频痛点关键词。

3. 适合中小卖家的低竞争新品方向。需结合市场需求和竞争程度进行推荐。

请以表格形式呈现分析结果。

上面只是在行业报告解读与关键词分析中应用 DeepSeek 的一个典型场景。我们展示的不是一个固定的"使用模板"，而是一种可迁移的方法论——使用结构化提示词，引导 DeepSeek 快速聚焦重点信息，提高决策效率。希望卖家能在掌握这些用法的基础上，结合自身业务需求灵活组合提示词，在更多场景中举一反三，真正发挥出 DeepSeek 在洞察、判断与执行上的综合价值。

2.2.3　DeepSeek 和第三方选品工具结合进行智能验证

因为 DeepSeek 无法获得动态页面的实时数据，所以在跨境电商的实操过程中，很多卖家为了确保决策的准确性，会把 DeepSeek 作为智能辅助工具，对第三方工具的数据进行更深度的解读和验证，避免盲目依赖工具，降低选品风险。比如，亚马逊卖家会通过卖家精灵、Jungle Scout、Helium10 等第三方选品工具提供的丰富的数据，快速了解市场概况。下面以用卖家精灵调研浴室地毯（Bath Rug）为例，演示第三方选品工具结合 DeepSeek 辅助进行市场分析。我们可以把筛选出来的数据截图（如图 2.2 所示）或者导出的市场分析报告输入 DeepSeek 中进行分析。

图 2.2

深度解读浴室地毯相关类目市场概况的提示词如下。

你是一位资深的跨境电商选品专家。请阅读卖家精灵关于浴室地毯（Bath Rug）的市场分析报告，解读浴室地毯的市场体量、供需关系及平均售价等数据，并分析该市场竞争的激烈程度和潜在机会点，给出选品意见。

DeepSeek 的回答如下。

浴室地毯（Bath Rug）市场分析报告

一、市场体量分析

1. 整体市场规模

（1）产品总数：10850 个（样本覆盖 100 个产品），属于中等规模类目，但需求稳定。

（2）月均销售额：样本产品近 30 天均销售额为 148216 美元，前 10 名产品均销售额高达 590467 美元，头部效应显著。

（3）销量规模：样本产品日均销量约为 287 单，前 10 名产品日均销量达 1243 单，表明市场需求旺盛且头部产品占据主导地位。

2. 增长潜力

（1）新品表现：6 个月内上架的新品占比为 6%，近 30 天均销量为 5634 单，销售额为 79561 美元，显示新品有较强渗透力。

（2）需求趋势：关键词关联需求（如 Bath Mat、Bath Mat for Bathroom）和场景化需求（如婚礼、家居装饰）表明细分场景存在机会。

二、供需关系分析

1. 供给端特征

（1）竞争集中度：前 10 名产品销量约占样本总销量的 43%，头部产品垄断性强。

（2）品牌与卖家分布：样本品牌数为 61、卖家数为 62，表明市场参与者分散但头部集中。

（3）新品供给不足：6 个月内的新品仅 6 个，占比为 6%，供给端创新空间较大。

2. 需求端特征

（1）价格敏感度：整体平均价格为 18.85 美元，前 10 名产品的均价为 16.98 美元，新品均价为 15.99 美元，显示低价产品更易获得高销量。

（2）功能需求分化：用户搜索词关联防滑、吸水、环保等属性，需关注差异化功能需求（如欧美环保政策影响）。

三、价格与利润分析

1. 价格区间

（1）主流价格带：15~19 美元（新品及前 10 名产品的均价均低于整体），低价策略主导市场。

（2）利润空间：平均毛利率为 45.55%，但低价可能导致利润绝对值受限，需平衡销量与溢价能力。

2. 成本结构

（1）物流成本：平均重量为 1.97 磅（约 893 克），体积为 215.10 立方英寸，小件产品适合轻量化物流。

（2）内容投入：88% 的产品使用 A+视频，且使用 A+视频的产品的销量占比为 95.3%，内容营销已成竞争标配。

四、市场竞争激烈程度

1. 头部垄断明显

（1）前 10 名产品的 BSR 均值为 254（远低于整体 13737），评分数为 38772（整体平均为 10672），星级为 4.4（整体为 4.3），头部产品积累了大量口碑和流量资源。

（2）壁垒分析：高评分数和 A+视频占比表明，新进入者需投入较高成本优化内容和积累评论。

2. 长尾竞争分散

62 个卖家覆盖 10850 个产品，平均每个卖家的产品数少，但尾部产品的销量和评分远低于头部，长尾市场生存空间有限。

五、潜在机会点与选品建议

1. 差异化功能开发

（1）环保材料：结合欧美环保政策，推出可回收、无化学染料的地毯。

（2）场景细分：开发防滑加强型（针对老年用户）、吸水速干型（针对高湿度地区）、婚礼主题款（匹配旺季需求）。

2. 内容与视觉优化

（1）A+视频必备：模仿头部产品的内容形式，突出使用场景和功能演示。

（2）捆绑销售：搭配浴帘、毛巾等浴室套装，提升客单价。

3. 价格策略

（1）避开低价红海：中高端区间（25～30美元）竞争较弱，可主打高品质材质（如长绒棉、硅胶底）或设计溢价。

（2）季节性选品：抓住婚礼旺季（直播提及）推出礼盒装或主题款。

4. 供应链与物流优化

（1）轻量化设计：控制重量和体积以降低FBA费用。

（2）本地仓备货：参考直播讲师经验，在欧洲/北美洲设仓提高配送效率（尤其针对大促期）。

六、风险提示

（1）头部挤压风险：新品需快速积累至少500条评论以突破流量壁垒。

（2）政策风险：关注欧美环保法规（如REACH认证）对材料的要求。

（3）同质化竞争：避免简单仿品，需通过专利设计或功能创新建立壁垒。

结论：浴室地毯市场需求稳定但竞争高度集中，需通过差异化功能、内容优化和精准价格策略突破头部垄断，同时利用环保趋势和场景化需求挖掘细分机会。

当然，我们还可以利用DeepSeek对报告中的关键指标进行更细致的分析和验证。比如，验证市场垄断程度与新品机会的提示词如下。

卖家精灵报告显示，"浴室地毯"类目前10名产品的销售额占到整体市场份额的30%，且前100名产品中近半年上架的新品只有1个。请分析这些数据，评估该市场的垄断程度，并分析新卖家进入该市场可能面临的挑战及潜在的应对策略。

挖掘市场评分背后的产品优劣点的提示词如下。

> 卖家精灵报告显示，"浴室地毯"市场的产品评分普遍在 4 分以上，表明没有明显的缺点。请分析这一现象，并思考是否存在更深层次、更细微的产品优劣点隐藏在这些评分中？例如，高分产品是否存在某些共同的优点？低分产品是否存在某些共同的缺点？我们应该如何利用这些信息指导选品？

我们利用 DeepSeek 可以精准地把握市场、发现潜在的蓝海产品。在实际操作中，我们应结合自身情况与分析结果灵活地调整选品策略。当然，如果我们拥有供应链资源（例如，依托虎门服装、南通家纺这类产业带的优势）直接与工厂对接，那么既能降低生产成本，又能保障供应的稳定性。在这种情况下，我们完全可以先选好产品，选定目标市场，再开展市场调研。有差异化或经过升级的产品，在市场中往往更具优势。

2.3　DeepSeek助力洞察竞品

在激烈的跨境电商竞争中，只关注自身的产品和市场是远远不够的。知己，更要知彼。深入了解竞争对手的产品布局、营销策略和运营表现，不仅有助于发现自身的问题，还能为选品决策和市场策略制定提供重要参考。我们可以结合经典的商业分析方法（如 SWOT、4P、波特五力、MECE 法则和 DREAM 模型等），并结合第三方平台的数据，系统性地剖析竞品在多个维度上的表现。无论是评估对方的优势与劣势，还是识别自身的切入机会，DeepSeek 都能提供高效、结构化的分析支持，帮助我们在复杂的市场环境中规避风险，精准定位，从而制定更具竞争力的运营策略。

2.3.1 使用专业模型分析行业竞争格局

了解行业整体的竞争态势是制定有效竞争策略的前提。因篇幅有限，我们在这里展示的提示词思维框架为波特五力分析模型和 MECE 法则。使用专业模型的结构化提问方式能够使竞品调研报告的结构更加清晰、逻辑更加严谨。系统的思维结构有助于我们利用 DeepSeek 高效整合信息，深入了解竞品的特点和市场竞争态势，为企业制定有效的竞争策略提供准确依据。比如，利用波特五力模型进行信息整合的提示词如下。

> 你是一位资深的跨境电商选品专家。请针对 [目标行业名称，如户外运动服装]，搜索并整合以下信息：
>
> 1. 主要的市场参与者和它们的市场份额。
>
> 2. 新进入该行业的壁垒（例如，技术、资金、渠道）。
>
> 3. 主要替代品的种类和其市场表现。
>
> 4. 主要供应商的议价能力（供应商数量、集中度）。
>
> 5. 主要购买者的议价能力（买家数量、集中度、信息透明度）。
>
> 请基于搜索结果，初步识别该行业波特五力模型的各个力量。

在识别出波特五力模型的各个力量后，我们需要 DeepSeek 进一步分析这些力量对行业竞争强度的影响，提示词如下。

> 基于上一轮识别出的 [户外运动服装] 行业的波特五力模型的力量，请进一步分析每个力量对该行业整体竞争强度的影响程度（高、中、低）。例如，如果主要竞争者数量众多且市场份额分散，那么现有竞争者的竞争强度可能较高。请对每个竞争力量进行简要评估并给出理由。

DeepSeek 将分析每个竞争力量对户外运动服装行业竞争强度的影响。例如，现有竞争者（高，品牌众多）、潜在进入者（中，存在技术和渠道壁垒）、替代品

（中，功能性服装选择多样）、供应商议价能力（低，供应商选择较多）、购买者议价能力（高，线上购买信息透明）。最后，我们可以利用 DeepSeek 总结行业竞争格局，为选品和制定市场进入策略提供建议，提示词如下。

> 综合上面对［户外运动服装］行业波特五力模型的分析结果，请总结该行业的整体竞争格局特点。请基于当前的竞争格局，为新进入该行业的跨境卖家提供至少两条初步的选品或市场进入策略建议。

DeepSeek 将总结户外运动服装行业的竞争格局特点（例如，竞争激烈、品牌集中度高、购买者议价能力强），并为新进入者提供初步策略建议（例如，聚焦细分市场、差异化产品设计、强调品牌价值和服务）。

2.3.2　竞品店铺分析的智能化透视

研究竞争对手是选品过程中至关重要的一环。DeepSeek 能够帮助我们全面地分析竞争对手的热销产品特点、上新规律、营销策略，甚至可以辅助分析其潜在的供应链信息，从而帮助我们更好地了解市场竞争格局，找到自身的差异化优势。知己知彼，百战不殆。DeepSeek 能够帮助我们更深入地了解竞争对手的策略，为我们制定更有针对性的选品和运营方案提供支持。分析热销产品与上新的提示词如下。

> 你是一位资深的跨境电商选品专家。请分析亚马逊美国站的［竞争对手的店铺名称或链接］中销量排名前 20 的产品，总结其主要特点、价格区间和评论情况。同时，分析该店铺过去 6 个月的上新频率和主要上新方向。

我们以 Anker 这款充电宝为例（Anker 在亚马逊上的销售界面如图 2.3 所示），将产品链接输入提示词中，DeepSeek 的回答如下。

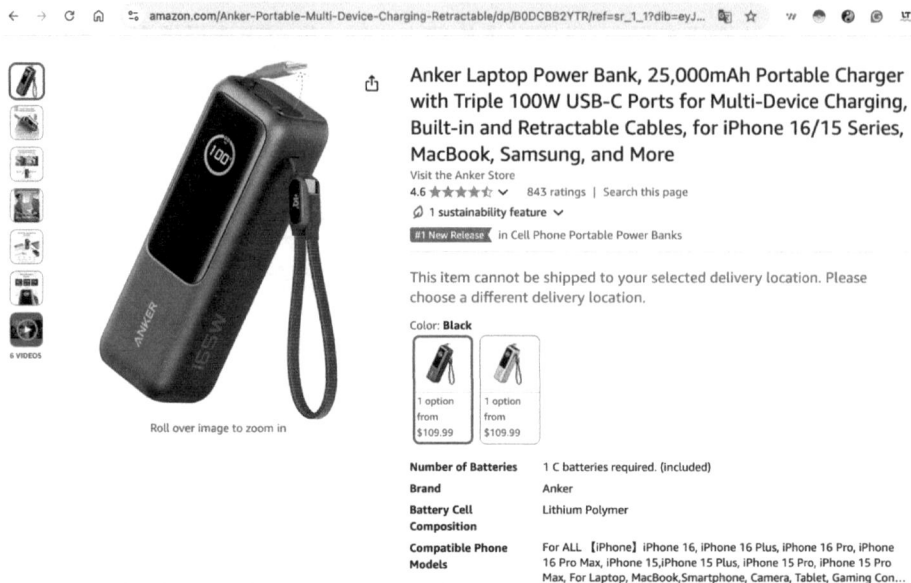

图 2.3

销量排名前 20 产品分析报告（基于链接信息整理）

一、主要产品特点

1. 核心产品线

以高容量、多端口、快充技术为核心，主打笔记本电脑、手机、平板等多设备充电场景。

（1）旗舰款：Anker Laptop Power Bank 25000mAh。

① 容量与功率：25000mAh（90Wh，符合航空携带标准），支持 165W 总输出，单端口最高 100W。

② 特殊设计：内置两条 USB-C 线（一条可伸缩，另一条兼作提手），额外配备 USB-A 和 USB-C 端口。

③ 显示屏：实时显示电量、功率、温度、循环次数等。

④ 兼容性：适配 iPhone 15/16 系列、MacBook、三星设备等。

（2）便携款：Portable Charger 10000mAh。

轻量化：体积更小，适合手机快速充电，但容量和功率较低。

（3）高端系列：Anker Prime 系列（如 Prime 27K 250W）。

技术升级：支持 PD 3.1 协议，单端口输出达 140W，充电速度更快（0.72 小时充满）。

2. 差异化卖点

（1）内置线缆：多款产品配备可伸缩或固定线缆，减少携带额外配件的麻烦。

（2）快充技术：100W 以上快充适配笔记本电脑，30 分钟可充至 30%。

（3）可持续性：部分产品通过碳足迹认证，强调环保设计。

二、价格区间

产品类型	价格范围（美元）	代表型号及价格
旗舰款	100～180	Anker 25000mAh（109.99 美元）
便携款	80～120	Portable Charger 10000mAh（87.99 美元）
高端系列	130～260	Anker Prime 27K 250W（179.99 美元）
捆绑套装	130～260	电源+充电线组合（144.98 美元起）

三、评论情况

1. 好评集中点（4.6/5 星平均分）

（1）充电速度：用户称赞 100W 快充可快速为 MacBook、iPad Pro 供电。

（2）内置线缆设计：无须额外线缆，尤其适合旅行场景（如机场、航班使用）。

（3）显示屏幕：显示实时电量、功率、温度数据，提升使用透明度。

（4）耐用性：金属外壳和抗磨损线缆（如可伸缩线支持 20000 次拉伸）。

2. 差评主要问题

（1）重量与体积：旗舰款重约 1.31 磅，被吐槽"略笨重"。

（2）实际容量衰减：用户实测容量为标称值的 65%～70%（行业通病）。

（3）发热问题：高功率输出时温度明显升高，需暂停充电散热。

四、过去 6 个月上新频率与方向

1. 上新频率

高频迭代：平均每月推出一两款新品或升级款，如 Prime 系列新增 27K

250W 型号（2025 年 1 月上市）。

2. 上新方向

（1）功率提升：从 100W、140W 到 250W，适配更多高性能设备（如游戏本）。

（2）协议支持：PD 3.1 协议普及，兼容未来设备。

（3）内置线缆多样化：新增可伸缩线、提手线等设计。

（4）多设备兼容：强调同时为 4 台设备供电（如手机+笔记本+耳机+相机）。

（5）环保与认证：碳足迹认证产品增加，贴合欧美市场环保趋势。

（6）场景细分：推出"户外电源"系列（如 60000mAh 款带 SOS 模式），拓展露营、应急场景。

五、总结

（1）市场策略：Anker 通过技术高端化（快充、大功率）和场景精细化（旅行、户外）巩固移动电源领导地位。

（2）用户痛点：需平衡容量、重量、价格，并解决高功率下的散热问题。

（3）未来趋势：预计继续深耕快充技术、环保认证，并探索太阳能等离网充电方案。

我们也可以利用 DeepSeek 快速提取分析报告中的关键数据和结论，按照我们的思路继续提问，如分析趋势与机会，提示词如下。

基于上一轮分析的行业报告，结合亚马逊美国站的充电宝热销品类数据，分析增长趋势，并识别潜在的市场机会和切入点，给出新卖家入局建议。

DeepSeek 结合行业报告和平台数据，识别出具有增长潜力且在平台上热销的细分品类，并提出潜在的选品方向建议。DeepSeek 也可以分析竞争对手的营销手段和用户评论，帮助我们了解其优势和劣势，提示词如下。

分析亚马逊美国站的［竞争对手的店铺名称或链接］中热销产品的 A+页

面内容、广告投放情况（如果可获取）及用户评论的情感倾向，总结其主要的营销策略和用户对其产品的反馈。

DeepSeek 也可以基于数据分析进行合理的供应链推测，提供全面的竞争情报，提示词如下。

基于对亚马逊美国站的[竞争对手的店铺名称或链接]中热销产品的特点、价格和上新速度的分析，尝试推测其可能的供应来源和合作模式。例如，是否为自有工厂、与特定供应商合作等。请说明你的推测依据。

2.3.3　结合第三方工具的数据进行精细化竞品分析

虽然 DeepSeek 可以访问跨境电商平台抓取数据，但是我们更倾向于将第三方工具（如卖家精灵、Jungle Scout、Helium10）导出的数据提供给 DeepSeek，让其深入分析和解读，从而弥补数据短板，实现更精细化的竞品分析。

宏观的行业分析为我们提供了运营方向。接下来，我们需要聚焦具体的竞争对手，利用第三方工具获取关键数据，并借助 DeepSeek 进行深度解读和对比。下面以从卖家精灵中导出 60 个卖家信息为例。

我们可以把核心数据（如图 2.4 所示）作为附件上传到 DeepSeek，利用以下一系列提示词让 DeepSeek 帮忙解读。

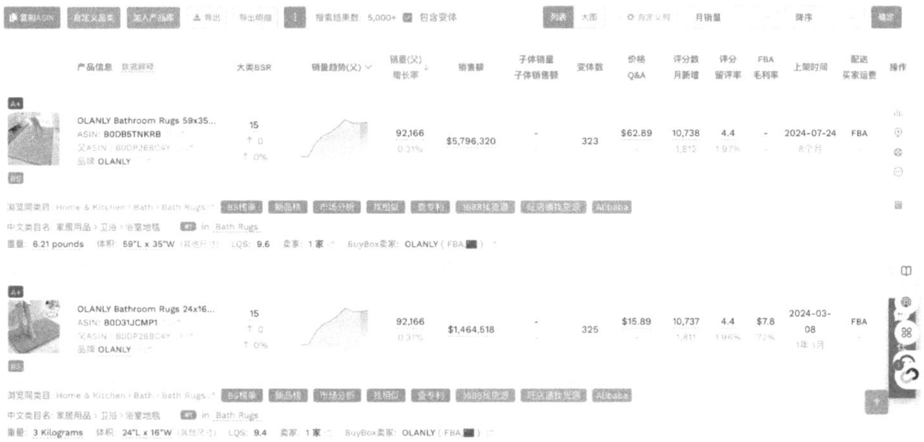

图 2.4

你是一位资深的跨境电商选品专家，根据卖家精灵中导出的亚马逊美国站竞争对手的数据，请分析过去 12 个月的月销量、平均售价、关键词排名变化和 Listing 质量得分。请分析这些信息，总结该竞品当前的销售趋势、销售表现等情况。

当然，我们可以根据回复继续提问。比如，需要多维度对比分析，提示词如下。

请继续分析销量排名前 10 的竞品的卖家精灵数据，包括月销量、平均售价、主要关键词和 Review 数量。请分析这些竞品的销售额、定价策略、关键词布局和用户评论情况，找出它们的共同点和差异化优势。

再如，需要推测市场策略，提示词如下。

基于［上一轮分析的竞争对手数据］，结合其 Listing 的文案、图片和促销活动信息，推测该竞争对手主要的目标用户群体、核心营销策略和供应链特点（例如，是否主打高品质、低价格或快速迭代）。请说明你的推测依据。

然后，可以通过以下提示词让 DeepSeek 整理已经输出的信息，给出评估建议。

请建立评估表对市场潜力、同质化竞争度、产品差异化、需求增长趋势、竞争态势等评分，并给出产品上架时机、定价策略等建议。

当然，当真正要备货时，鉴于这一决策的重要性，我们必须对相关数据进行验证。下面介绍几种验证数据的方法。

（1）专业工具验证：使用 Helium 10 或 Jungle Scout 等工具查看各类浴室地毯的畅销排名（BSR）。

（2）关键词搜索量分析：通过亚马逊广告后台或第三方工具分析"bamboo bath mat""reversible bath rug"等关键词的搜索量和竞争度。

（3）评论挖掘：分析竞品评论中消费者提及的痛点和需求，验证我们计划销售的产品的差异化优势是否能解决这些问题。

（4）季节性趋势分析：使用 Google Trends 查看浴室地毯的季节性搜索趋势，确定最佳上市时间。

（5）价格带分析：通过 Keepa 等工具分析不同类型浴室地毯的价格带和价格稳定性，确定最佳定价策略。

（6）供应链验证：在 1688 平台上搜索相关产品，确认供应商生产能力、MOQ（Minimum Order Quantity，最小起订量）和价格区间，验证成本结构。

跨境电商的终极目标，是让产品真正打动用户，在他们心中建立认同感，加强他们的购买意愿。多渠道的用户洞察，就像一个高效的信息感应系统，能帮助我们识别用户未被满足的需求和深层次的使用痛点。这些关键信息不仅能为产品优化和创新提供方向，还有助于构建品牌的差异化竞争力。我们只有持续地洞察积累，才能打造出更契合市场、更具长期价值的产品。

2.4　DeepSeek驱动产品开发与选品决策

在竞争日益激烈的跨境电商领域，只跟随市场趋势进行选品已经难以建立长久的竞争优势，真正的成功在于能够洞察用户未被满足的需求，通过创新打造差异化的产品，并做出明智的选品决策。DeepSeek 作为强大的 AI 工具，不仅能帮助我们分析现有市场，还能激发我们的创新思维，辅助产品设计和开发，并通过智能化的决策模型，降低选品风险，提升成功率。本节将探讨如何利用 DeepSeek 的多种能力，驱动跨境电商的产品开发与选品决策。

2.4.1　DeepSeek 与其他 AI 工具协同挖掘用户心声

只依赖单一平台的用户反馈往往难以呈现用户的全貌。为了更深入地了解用户的需求、痛点和期望，我们需要整合来自电商平台评论、社交媒体讨论、论坛帖子等多元渠道的声音。借助网络爬虫工具（如 APIFY），我们可以高效地收集这些分散的数据，再利用 DeepSeek 强大的自然语言处理能力进行 VOC（Voice of

Customer，用户心声）分析，从而获得全面、精准的用户洞察，为产品优化和创新提供坚实的基础。即使你不会使用 APIFY，也没关系，直接问 DeepSeek，它甚至连代码都帮你写好了。

假设我们要爬取海外家居销售平台 Wayfair 的数据，可以直接搜索平台名字（如图 2.5 所示），按照网页提示的步骤操作即可得到 VOC。

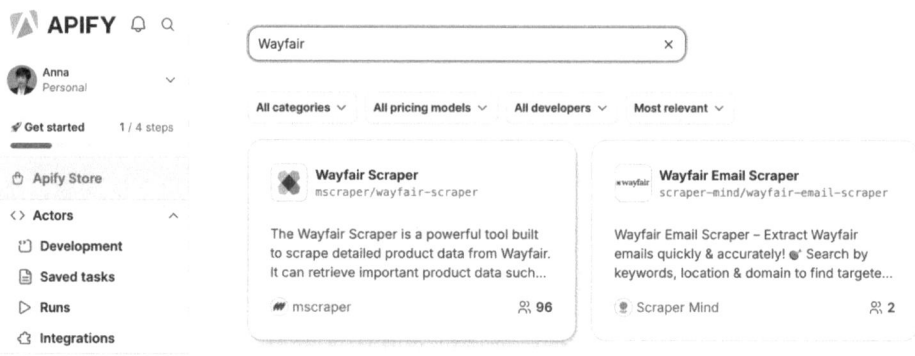

图 2.5

我们可以对使用 APIFY 收集到的来自 Wayfair 的关于餐桌的用户反馈数据进行 VOC 分析。首先，对数据进行清洗和预处理（跨境卖家俗称"打标"）的提示词如下。

> 你是一位资深的跨境电商选品专家。请分析我提供的［包含竞品评论数据的 CSV 或 Excel 文件］，去除重复评论、无效评论（例如，与产品无关的评论），并将这些数据整理为包含"来源平台""发布时间""用户 ID""文本内容"等字段的 CSV 文件。

在完成数据清洗和预处理后，我们可以将数据"投喂"给 DeepSeek，从 VOC 中挖掘出宝贵的改进和创新机会，提示词如下。

> 请进行以下分析：
>
> 1. 对所有评论和讨论进行情感分析，输出正面、负面和中性情感的比例，并给出每个情感类别下的典型评论示例。

2. 利用关键词提取和主题建模技术，识别用户反馈中出现频率最高的核心主题和关注点。

3. 针对负面评论和中性评论，重点分析用户反映的主要痛点、产品缺陷和未被满足的需求。

4. 分析不同渠道（亚马逊、Wayfair）用户反馈的侧重点是否存在差异，并解释可能的原因。

请提供详细的分析结果和关键洞察。

DeepSeek 将对整合后的多渠道用户反馈数据进行深入分析，输出情感分布、核心主题、用户痛点、未满足需求及不同渠道反馈的差异性分析和解释。我们可以基于 VOC 探索产品的迭代方向，提示词如下。

基于我对［核心产品名称，如智能水杯］的 VOC 分析结果（包括用户痛点、未满足需求和改进建议），请你扮演一位资深产品经理，与我进行对话，探讨该产品的潜在迭代方向。请针对用户反馈集中的［一个主要痛点，如保温效果不持久］这个问题，提出至少三个可行的改进思路，并说明其潜在价值。

当然，如果你觉得流程麻烦，那么可以直接使用类似于 VOC.ai 这样的工具来进行分析和验证。在完成 VOC 分析后，我们可以结合 DeepSeek 对多渠道用户反馈的结构化洞察，进一步结合自身的产品能力，提炼出有针对性的改进方向或创新点，从而打造真正打动用户、具备市场潜力的产品。

2.4.2　DeepSeek 与 SCAMPER 模型共创产品迭代思路

在明确了产品迭代的方向之后，如何将想法转化为具体的创新方案至关重要。只依靠自身经验进行产品迭代往往存在局限性。DeepSeek 可以与经典的创新思维模型（如 SCAMPER）相结合，通过其强大的语言理解和生成能力，帮助我们从不同的维度拓展创新思路，发现潜在的突破点，并关注海外用户的独特体验。我们以层层递进的逻辑向 DeepSeek 输入提示词。首先，基于 SCAMPER 模型的产品创新来拓展思路，提示词如下。

你是一位资深的跨境电商选品专家。请针对［产品］，结合 SCAMPER 模型的七个维度（替代、组合、调整、修改、另作他用、消除、重组），拓展其创新思路，并针对每个维度提出至少一个具体的创新点，简要描述其使用场景和解决的潜在消费者痛点，提出的新思路要具有一定的差异化和可行性。

然后，针对市场进行创新思路的海外用户体验适配调整，提示词如下。

针对上一轮提出的创新思路，请选择其中三个你认为最具潜力的创新点，并分析这些创新点在不同的海外市场（例如，欧美市场、东南亚市场）可能面临的用户接受度和潜在的本地化需求。例如，针对欧美市场用户对隐私的重视，我们应该如何在设计无接触控制功能时考虑数据安全？针对东南亚市场用户对价格的敏感性，我们如何在实现智能管理能耗的同时控制产品成本？请为每个创新点提出至少一个针对特定海外市场的用户体验优化或本地化适配建议。

我们还可以考虑结合市场趋势挖掘创新点，提示词如下。

除了用户反馈，请结合当前［核心产品所属行业，如健康生活］的最新技术趋势（如 AI 健康监测、物联网智能家居）和竞争对手的产品特点，为［核心产品名称，如智能水杯］提出至少两个具有创新性的功能升级建议。请说明这些升级可能吸引的目标用户群体和带来的竞争优势。

通过与 DeepSeek 不断对话，我们可以得到 DeepSeek 回复的一份非常完整的报告。

基于 SCAMPER 模型的餐桌创新设计思路

SCAMPER 维度	创新点	使用场景与痛点解决	差异化与可行性
替代（Substitute）	可替换桌面材质模块	场景：用户希望根据季节或风格更换桌面材质。 痛点：传统餐桌材质单一，无法满足多样化审美需求	提供竹纤维、大理石纹复合材料等模块。用户可自行更换，无须更换整个餐桌。材料轻量化设计，安装简易

续表

SCAMPER 维度	创新点	使用场景与痛点解决	差异化与可行性
组合（Combine）	餐桌 + 智能植物生长灯	场景：都市家庭希望餐桌兼具绿植养护功能。 痛点：小户型缺乏独立绿植空间，自然光照不足	桌面边缘嵌入 LED 生长灯，通过 App 控制光谱，适合种植香草或微型蔬菜。差异化：健康生活场景融合
调整（Adapt）	磁吸式可调桌面坡度	场景：家庭办公、儿童绘画时需倾斜桌面。 痛点：传统平面餐桌无法适配多任务场景	桌面支持 0°～15° 坡度调节，通过底部磁吸卡扣固定。解决办公舒适度与儿童学习姿势问题
修改（Modify）	隐形伸缩轨道设计	场景：多人聚餐需扩展桌面，但日常需节省空间。 痛点：传统伸缩桌轨道外露，易积灰且不美观	轨道内嵌于桌板夹层，拉伸时自动弹出，闭合时完全隐藏。差异化：极简美学与功能性平衡
另作他用（Put to another use）	餐桌变身 AR 游戏平台	场景：家庭娱乐互动需求增加。 痛点：餐桌闲置时间长，功能单一	桌面集成 AR 投影与触感应层，用餐时可玩虚拟棋盘游戏。可行性：借用成熟投影触控技术
消除（Eliminate）	无桌腿悬浮设计	场景：极简风格爱好者与清洁便利需求。 痛点：桌腿阻碍扫地机器人工作，视觉上显拥挤	通过电磁悬浮技术或隐藏式吊顶支架实现悬浮效果。差异化：颠覆传统结构，提升空间通透性
重组（Rearrange）	蜂巢模块化拼接系统	场景：派对/办公等不同场景需灵活布局。 痛点：固定形状餐桌无法适应多变空间需求	六边形桌面模块可自由拼接成圆形/长条形，通过底部卡扣锁定。解决空间利用率与社交场景适配问题

创新点优先级评估

创新点	用户价值	技术可行性	成本可控性	市场差异化
可替换桌面材质模块	高	高（现有模块化工艺）	中（需开发多模具）	高
餐桌变身 AR 游戏平台	中	高（磁吸技术成熟）	高	中
蜂巢模块化拼接系统	高	中（需结构重构）	高（标准化生产）	极高

精选创新点海外市场适配分析

结合欧美与东南亚市场的用户偏好和本地化需求，提出针对性优化建议：

1. 创新点：可替换桌面材质模块

核心优势：满足个性化需求，延长产品生命周期。

市场	用户接受度	潜在挑战	本地化适配建议
欧美市场	高（环保意识强）	对材质来源的透明度要求高	▶ 提供 FSC 认证木材/再生材料选项，官网展示供应链溯源视频。 ▶ 与本地设计师联名推出限量款（如北欧极风、工业风纹理）
东南亚市场	中（价格敏感）	更换模块的额外成本可能被拒	▶ 推出"以旧换新"计划，旧模块折价换购。 ▶ 基础款采用本地天然材质（如藤编、柚木），降低成本并强化文化认同

2. 创新点：餐桌变身 AR 游戏平台

核心优势：增强家庭互动场景，提升产品科技感。

市场	用户接受度	潜在挑战	本地化适配建议
欧美市场	高（科技接受度高）	数据隐私顾虑(如儿童使用)	▶ 采用本地服务器存储数据，符合 GDPR 标准。 ▶ 设计"家长控制模式"，可一键关闭摄像头和位置权限
东南亚市场	中（依赖低价智能设备）	网络基础设施不稳定	▶ 预装离线游戏（如棋盘游戏、本地化桌游）。 ▶ 降低硬件配置（如用二维码替代面部识别），售价控制在 50 美元以内

3. 创新点：蜂巢模块化拼接系统

核心优势：灵活适应小空间与多人场景。

市场	用户接受度	潜在挑战	本地化适配建议
欧美市场	高（DIY 文化盛行）	组装复杂度可能引发投诉	▶ 提供免费视频组装指导，附赠标准化工具包。 ▶ 与宜家等品牌合作，借用其成熟模块化认知教育市场
东南亚市场	中（偏好现成家具）	居住空间更小，需极致紧凑	▶ 推出"基础2~4 人版"小型套装，减少模块数量。 ▶ 增加垂直收纳功能（如折叠后挂墙），适应公寓狭小空间

DeepSeek 结合技术趋势和竞品情况，提出了创新功能建议。细心的读者会发现，DeepSeek 会根据使用之前提示词输出的结果进行再次整理。所以，层层递进的提示词必不可少。

2.4.3　DeepSeek 辅助产品设计全流程

在产品开发过程中，工业设计起着至关重要的作用。优秀的产品设计是吸引用户、提高竞争力的关键。DeepSeek 能够作为强大的 AI 助手，贯穿工业设计的各个环节，从趋势分析、灵感挖掘到材料工艺探索和策略制定，为我们打造更具吸引力和创新性的产品。智能分析与预测全球工业设计趋势的提示词如下。

> 你是一位资深的跨境电商选品专家。请分析当前全球工业设计的主要趋势，重点关注［目标行业，如智能照明］，分析近两年国际主要设计奖项（如红点奖、iF 设计奖）、行业报告及头部品牌的产品设计语言，总结当前流行的设计风格、色彩、材质和用户偏好。同时，预测未来五年该行业可能出现的主要发展方向，并分析社会文化、科技进步和市场需求对这些趋势的影响。

只关注行业内部趋势是不够的，在很多时候，真正有价值的产品创新往往来自跨行业借鉴与启发。借助 DeepSeek，我们可以在不同行业中挖掘创新案例，从中提取可迁移的设计理念，将其应用到自身产品的升级与差异化中，提示词如下。

> 请跨行业、跨领域搜寻与我们的［目标产品，如智能照明］的功能或用户体验相关的创新设计案例。重点分析汽车行业、航空航天行业、医疗行业、时尚行业的设计理念和创新点，并思考如何将这些理念融入［智能照明］的工业设计中。例如，分析特斯拉的人机界面设计如何应用于智能照明控制或航空航天的轻量化材料如何应用于灯具结构。同时，从自然、生物仿生学和艺术领域中寻找与［智能照明］相关的设计灵感。

将创新的设计理念真正落地，还需要与合适的材料和制造工艺相结合。DeepSeek 能够帮助我们查找和评估最新的材料趋势、技术可行性和加工方式，确保创意在实际生产中具备可操作性，提示词如下。

> 请探索当前工业设计中最具创新性的材料，如可持续生物材料、高性能复合材料、智能响应材料和纳米材料，并评估这些新材料在［智能照明］产品上的应用前景，包括市场潜力、技术成熟度、成本效益和潜在的应用领域。同时，探索新兴的制造工艺，如增材制造（3D 打印）、先进成型技术和数字化制造，分析其在智能照明产品设计和生产中的应用优势与挑战。

最终，我们需要将市场趋势、用户需求、设计灵感、材料工艺进行整合，制定一套针对性强、具有落地性的工业设计策略。通过智能分析与内容生成，DeepSeek 能够辅助我们快速搭建这套策略框架，输出专业化建议，提示词如下。

结合前面分析的全球工业设计趋势、跨行业设计灵感、新材料与新工艺探索，以及我们对［目标用户，如注重健康和生活品质的年轻家庭］的需求和偏好、［产品定位，如高端智能照明］和［成本预算范围］，请为我们的［智能照明］产品量身定制一份工业设计策略建议报告，从以下几个方面提供具体建议：

设计理念与风格：（例如，如何融入极简主义和生物形态设计）。

材料选择：（例如，推荐使用哪些可持续和智能材料）。

工艺选择：（例如，是否适合采用 3D 打印或模块化设计）。

用户体验优化：（例如，如何结合人体工程学和智能交互）。

可持续性考量：（例如，如何在产品生命周期中融入环保理念）。

通过这一系列流程，DeepSeek 不仅是产品设计灵感的来源，还是工业设计全流程中的智能参谋，为我们在产品开发和工业设计环节进行更深入、更有效率的决策赋能，从而打造出真正具备市场竞争力的优质产品。

2.4.4　选品最终决策模型：用 DeepSeek 构建智能化评估体系

在经过市场调研、竞品分析和产品开发等环节后，最终的选品决策至关重要。DeepSeek 能够帮助我们构建一个智能化的选品决策模型，综合考虑市场、产品、运营和供应链等多个维度，对潜在的选品进行全面评估和风险预测，从而做出更明智的决策。比如，我们把在实操过程中总结出来的多维度选品评估模型作为 DeepSeek 的提示词。

你是一位资深的跨境电商选品专家。请构建一个跨境电商选品评估模型，至少包含以下维度和相应的评估指标：

市场潜力：（例如，市场规模、增长率、用户搜索趋势）。

竞争态势：（例如，竞争激烈程度、头部卖家占比、新品机会）。

利润空间：（例如，预估售价范围、采购成本、平台费用）。

运营可行性：（例如，物流便捷性、合规性要求、营销难度）。

供应链稳定性：（例如，供应商数量、交货周期、质量可控性）。

自身优势匹配度：（例如，现有资源、运营经验、品牌契合度）。

请为每个维度提出至少两个可量化的评估指标，并解释其重要性。

DeepSeek 的回答如下。

跨境电商选品评估模型

以下是一个基于 6 大核心维度的量化评估框架，每个维度都包含 2 个可量化指标及其解释，适用于跨境电商平台（如亚马逊、Shopee 等平台）的选品决策。

1. 市场潜力

指标	重要性说明
年市场规模（美元）	通过工具（如 Jungle Scout、Google Trends）估算品类年 GMV，避免进入萎缩市场
月搜索量增长率（%）	反映需求趋势（如"升降桌"年增长 120%），高增长品类可降低冷启动难度

2. 竞争态势

指标	重要性说明
头部卖家 CR3（%）	前 3 名卖家的市场份额占比>50%，高集中度市场需差异化突围（如细分功能/人群）
新品占比（近 6 个月）	若新品占销量 Top 20%以上，则说明市场对新玩家友好（如 TikTok 热门品类）

3. 利润空间

指标	重要性说明
毛利率［(售价-成本)/售价］	目标>40%（FBA 模式下），需计入采购费、物流费、平台佣金（亚马逊约 15%）、广告费等
价格中位数（美元）	避开<20 美元的低价红海产品（如手机壳），优先选择 20 美元的低价红海产品（如手机壳），优先选择 50～200 美元区间（用户愿为品质溢价）

4. 运营可行性

指标	重要性说明
物流成本占比（%）	大件产品（如家具）的物流成本可能占售价 30%以上，优选小体积高货值产品（如美容仪）
合规认证周期（天）	欧盟 CE、美国 FDA 等认证时间>60 天，可能延误旺季（如圣诞灯饰需提前半年准备）

5. 供应链稳定性

指标	重要性说明
供应商最小起订量（MOQ）	MOQ>1000 件可能压库存，优选支持 500 件以下试单的柔性供应链
次品率（%）	抽样检测次品率>5%，高退货率将吞噬利润（如服装类需严格 QC）

6. 自身优势匹配度

指标	重要性说明
现有渠道复用率（%）	若供应链/客户与现有品类重叠>60%，则可降低学习成本（如从手机壳拓展到耳机壳）
团队经验匹配度（1～5 分）	评估团队对品类运营（如服装尺码问题）、营销（如 Instagram 美学）的熟悉程度

模型应用示例：智能瑜伽垫选品评估

维度	指标	数据	评分（1～5 分）
市场潜力	年市场规模	2.8 亿美元（美国）	4
	月搜索增长率	45%（YoY）	5
竞争态势	CR3 占比	38%	4
	新品占比	27%	5
利润空间	毛利率	52%（售价为 129 美元）	5
	价格中位数	89 美元	4
运营可行性	物流成本占比	18%（空运）	4
	FDA 认证周期	30 天	5
供应链稳定性	MOQ	300 件	5
	次品率	2%	5
自身优势匹配度	渠道复用率	70%（现有运动品类）	4
	团队经验匹配度	4 分（有健身类 KOL 资源）	4

总分：49/60 → 高优先级选品。

关键工具推荐：

（1）市场数据：Jungle Scout（亚马逊）、Euromonitor（全球市场）。

（2）供应链：1688 跨境专供（验证 MOQ）、Inspectify（第三方 QC）。

（3）合规：Emergo（医疗/电子类认证）、Intertek（通用检测）。

需要针对具体品类调整权重吗？或是补充风险预警指标（如专利纠纷）？

在有了选品评估模型后，我们可以将潜在的选品数据输入其中，利用 DeepSeek 进行智能化的评估和预测。比如，基于评估模型的潜在选品评估与风险预测提示词如下。

请使用上一轮构建的选品评估模型，对以下三个潜在的产品［如 A-智能颈椎按摩器、B-宠物自动喂食器、C-创意桌面收纳盒］进行评估。请为每个产品都提供相关的市场数据、预估成本和售价等信息［以表格形式提供每个产品的各项评估指标数据］，并分析每个产品的潜在优势、劣势和风险。

最后，我们可以利用以下提示词，让 DeepSeek 根据评估结果，并结合我们的战略目标和风险偏好，综合评估与提供最终的选品建议。

综合以上对［智能颈椎按摩器、宠物自动喂食器、创意桌面收纳盒］的评估结果，考虑我们公司的［战略目标，如追求高利润和长期发展］和［风险偏好，如偏好中低风险］等因素，请给出最终的选品建议，并说明选择该产品的理由及后续在产品组合、定价、供应链和运营方面的初步考虑。

DeepSeek 的回答如下。

一、最终选品建议

推荐产品：B-宠物自动喂食器

核心理由：

1. 战略匹配性

（1）高利润潜力：30%净利率（售价为 80 美元，成本为 30 美元），符合公司"追求高利润"目标。

（2）长期增长性：宠物智能用品市场年增速为 30%，且耗材复购率（如猫粮适配器）可支撑持续现金流。

（3）中低风险适配：竞争分散（CR3=42%）、供应链成熟（交货波动仅±15%），风险可控。

2. 风险回报比最优

（1）虽存在物流限制（带锂电池运输），但可通过海外仓预置核心部件降低延误风险。

（2）季节性波动可通过订阅制服务（如雨季自动除湿猫粮盒）使销量曲线平滑。

二、后续落地策略

1. 产品组合策略

产品定位	产品规划	功能配置
旗舰款（B1）	双仓智能喂食器（带摄像头+App 控制）	防卡粮专利、湿度监测、AI 宠物食量分析
基础款（B2）	单仓定时喂食器（机械旋钮控制）	适配主流猫粮尺寸、低功耗（6 个月续航）
耗材（B3）	专用粮仓盒+干燥剂	订阅制（每季度自动配送，毛利率提升至 45%）

逻辑：通过"旗舰款树品牌、基础款冲销量、耗材保利润"组合覆盖不同客群，首年 SKU 控制在 3 个以内以聚焦资源。

2. 定价策略

产品	成本（美元）	建议售价（美元）	平台费用（美元）	净利率	定价逻辑
B1	38	129	32	31%	对标 Petkit（149 美元）实施渗透定价
B2	26	79	20	29%	设定价格锚点，推动消费者选择旗舰款
B3	3.5	15	3	43%	利用"损失厌恶心理"绑定订阅用户

关键动作：

（1）在 B1 页面设置"对比卡"（与 Petkit 功能参数对比），凸显性价比。

（2）对首月订阅 B3 的用户赠送 5 美元优惠券，提高复购率。

3. 供应链优化

环节	策略	风险管控
核心部件	电机采购分散至 3 家供应商（宁波/东莞）	单一供应商占比≤40%，确保断供 72 小时内切换
生产模式	基础款 OEM 代工+旗舰款自主生产	首单 OEM 占比 60%，随销量增长逐步自建产线
库存管理	美国海外仓预置 2000 套安全库存	根据 Helium10 预测数据动态调整补货周期

成本控制：

（1）通过标准化粮仓尺寸（适配市面 80%猫粮品牌），减少 SKU 复杂度。

（2）采用 EPP 发泡材料替代 ABS 塑料，包装成本降低 22%。

4. 运营执行重点

模块	关键动作	目标
内容营销	拍摄"24 小时宠物喂养延时摄影"系列短视频	3 个月内 TikTok 话题播放量破 500 万次
用户教育	创建《科学喂食手册》（联合宠物营养师 IP）	提升客户 LTV（目标是从 1.2 年提高到 1.8 年）
差评防御	内置 AI 诊断模块（通过错误代码远程排障）	将 1 星差评率从 4.3%压降至 1.5%以内
数据闭环	部署 Shopify+Recharge 订阅系统	实现用户行为数据与供应链预测的实时联动

1）风险预案

（1）物流突发风险。

① 与海运代理签订保舱协议，锁定 Q3 旺季 40HQ 集装箱仓位。

② 在美西（洛杉矶）、美东（纽约）各设 500 套应急库存。

（2）专利纠纷风险。

① 投入 15000 美元进行防卡粮结构全球专利检索，规避现有专利（如 PetSafe US6722314）。

② 对旋转拨盘设计申请欧盟外观专利（费用约为 2000 美元）。

（3）价格战风险。

① 通过耗材绑定提升用户切换成本（竞品无法适配专用粮盒）。

② 在旗舰款预埋固件升级接口，后续推出付费高级功能（如健康预警）。

2）预期收益

指标	首年目标	三年目标
毛利率	38%	42%
复购率	35%	55%
市场占有率	北美市场 TOP5	全球市场 TOP3
ROI	1.8	4.5

结论：选择宠物自动喂食器可同时满足短期盈利与长期品牌建设需求，通过"硬件+耗材+服务"模式构建护城河，在控制风险的前提下实现公司战略目标。建议立即启动首批 3000 件试产，同步开展 KOL 合作与海外仓部署。

我们不难发现，DeepSeek 提供的建议极为详尽。基于这些建议，我们要对数据反复验证，然后结合自身的实际状况，做出最终的选品决策。

通过以上 4 个核心场景的层层递进，我们可以清晰地看到如何在跨境电商选品的各个环节中应用 DeepSeek，从市场调研、用户洞察，到产品创新、工业设计，再到多维度的智能化评估与选品决策，AI 工具不再只是"工具"，而是整个产品决策链条中的协同角色与策略中枢。对于跨境卖家来说，掌握提示词、理解模型逻辑只是第一步，真正的能力在于能将这些工具深度融入自身的业务流程中，形成一套有复用性的智能化方法体系。未来的选品不再依赖经验驱动，而是走向以数据为基础、以策略为导向的系统性判断。越早建立这套 AI 辅助的思考方式，就越能在复杂多变的市场中抢占先机、降低风险、提高成功率。

3

第3章

DeepSeek 赋能品牌构建与内容创作

在 AI 加速重塑跨境电商的时代，品牌建设已不再是传统的创意堆砌，而是数据洞察与算法协同的系统工程。接下来，我们将围绕 DeepSeek 赋能品牌构建这一核心主题，深入探讨如何借助 DeepSeek 等工具，搭建面向全球市场的智能品牌体系。我们将从品牌命名、故事创作、Slogan 设定等基础构建开始，逐步延伸到用户洞察与精准定位、独立站内容优化、产品详情页的视觉与文案设计，再到品牌视觉识别（Visual Identity，VI）系统与营销素材的智能生成等关键环节。通过展示实操案例与结构化提示词，你将了解 DeepSeek 如何为跨境品牌提供策略支持与创意，帮助卖家在全球市场中构建差异化优势，实现高效突围。

3.1 用DeepSeek智能生成品牌名称、Slogan与故事

在跨境电商品牌出海的过程中，品牌名称、Slogan 和故事的本土化创意至关重要。传统的创作方式往往依赖于人工创意和市场调研，不仅周期长、成本高，还难以确保与目标市场的文化和用户心理高度契合。借助 DeepSeek 等工具，我们可以高效地生成贴合本地语境、具备传播力的品牌元素，大幅提升命名与创意内

容的落地效率和质量。

3.1.1 用 DeepSeek 打造独特且易记的品牌名称

一个好的品牌名称是识别品牌的第一步。它需要独特、易于发音和记忆，并能初步传达品牌的某些特质或所属品类。DeepSeek 能够基于关键词、品牌理念、目标受众和文化背景等信息，智能生成大量备选品牌名称，并评估其独特性、可读性、潜在的文化含义和商标注册可行性。假设我们有一款强调"原木材质""环保""教育意义"的儿童玩具，计划进入美国市场。我们希望通过 DeepSeek 生成符合美国市场文化和消费者心理的品牌名称，可以使用以下结构化提示词，引导 DeepSeek 输出更符合品牌定位和市场预期的命名建议。

> 你是一位专为中国品牌出海做本土化命名的品牌顾问。现在有一款强调"原木材质""环保""教育意义"的儿童玩具，计划进入美国市场。
>
> 你需要提供一份结构清晰的命名咨询报告，内容包括：
>
> 1. 市场文化分析：请用简洁的语言说明美国玩具市场的文化特征、消费心理、竞争格局。
>
> 2. 命名原则制定：制定适用于美国市场的品牌命名语言规则、文化适配策略、差异化定位逻辑。
>
> 3. 核心价值提炼：总结品牌应传达的价值、情感联系、个性特征。
>
> 4. 语言与发音适配性：列出品牌名称在美国的发音、拼写、SEO 等维度的注意事项。
>
> 5. 情感连接策略：帮助我理解品牌如何与消费者产生情感共鸣。

在得到结构性分析报告之后，可以让 DeepSeek 继续生成具体的命名方案，提示词如下。

> 请基于以上分析，给出 3～5 组创意名称，并对每组创意名称解释含义、文化适配性、市场价值。

命名验证建议：提供商标、SEO、用户测试的验证策略。

最终推荐：挑选一个最具潜力的名称，说明推荐理由。

所有输出内容请保持品牌顾问风格、语言专业、有逻辑结构，并适合做品牌命名提案使用。

DeepSeek 的回答如下。

AI 品牌命名提案：原木教育玩具美国市场创意名称与验证策略

一、创意命名组与深度解析

组 1：自然教育系

名称：TimberRoots™

1. 含义与核心价值

（1）Timber：直接关联"原木材质"，传递天然、安全的品牌承诺。

（2）Roots：隐喻"扎根成长"，强调儿童认知发展与自然教育的深度联结。

2. 文化适配性

（1）在美国户外文化中，"Roots"常与家庭传承、自然探索绑定（如国家公园标语"Find Your Roots"）。

（2）契合 STEAM 教育趋势，暗示玩具的模块化设计可随年龄"生长扩展"。

3. 市场价值

（1）差异化定位：填补"自然材质+成长型教育"空白，区别于传统静态木质玩具。

（2）溢价空间：可通过订阅制推出"Roots Growth Kits"（按年龄阶段升级），提升用户 LTV（生命周期价值）。

组 2：环保科技系

名称：EcoGrove™

1．含义与核心价值

（1）Eco：直击环保核心，降低消费者认知门槛。

（2）Grove（小树林）：唤醒家庭户外场景联想，传递"自然共生"理念。

2．文化适配性

（1）"Grove"为美国社区常见地名（如 Oak Grove），易引发地域文化亲近感。

（2）适配"Tech-Lite"（轻科技）趋势，可延伸 AR 森林探索功能，平衡自然与数字化需求。

3．市场价值

（1）品类跨界：捆绑"环保材料+轻科技教育"，吸引千禧家长对"适度科技"产品的偏好。

（2）社交传播力：名称适配 Instagram 话题标签（如#EcoGroveAdventures），推动 UGC 内容裂变。

组 3：家庭互动系

名称：KindleWood™

1．含义与核心价值

（1）Kindle：双关"点燃"（创造力）与"亲子组带"（Kindred），强化情感价值。

（2）Wood：明确材质属性，建立"安全可信"的消费决策锚点。

2．文化适配性

（1）规避宗教敏感词，"Kindle"与亚马逊电子书品牌形成差异化联想（聚焦"火种"而非设备）。

（2）适配美国家庭"协作式学习"理念，暗示玩具需亲子共同参与。

3．市场价值

（1）情感溢价：通过"创造力点燃"概念，打造高复购场景（如节日限量套装)。

(2)品牌扩展性：可开发父母教育内容(如 Kindle Wood Parenting Guide)，增强生态黏性。

二、命名验证策略

1. 法律与商标合规性

(1)商标筛查。

① 工具：通过 USPTO(美国专利商标局)TESS 数据库排查名称冲突，重点关注第 28 类(玩具)及第 41 类(教育服务)。

② 防御策略：注册主名称变体(如 TimberRoots™、Timber-Roots™)及近似域名，防止竞品搭便车。

(2)文化禁忌审查

使用本地化工具(如 Brand Bastion)扫描名称在西班牙语、非洲裔俚语中的潜在负面含义(如"Kindle"是否在特定语境中有歧义)。

2. SEO 与数字化适配

(1)关键词优化。

① 通过 Google Trends 验证"EcoGrove"与高搜索量词根(如"Eco Toys for Kids""Wooden STEM Toys")的相关性。

② 确保名称包含 2 个以上 SEO 核心词(如"Eco""Wood""Kids")，优先选择搜索量 > 2000 次/月的词根。

(2)域名与社媒一致性。

① 域名注册建议：短域名优先(如 EcoGroveToys.com > EcoGroveEducationalToys.com)，降低用户输入成本。

② 社交媒体矩阵：统一命名格式(@TimberRoots_Official)，预留 TikTok、Pinterest 等视觉化平台账号。

3. 用户认知测试

（1）定量测试。

① 样本：招募 800 名美国家长（25～45 岁，家庭收入≥80000 美元，有 3～10 岁儿童），分 4 组进行名称 A/B 测试。

② 指标：首记率（24 小时后回忆度）、价值联想匹配度（环保/教育/趣味性评分）、购买意愿（7 分制）。

（2）定性洞察。

① 通过焦点小组访谈，挖掘深层语义联想（如 "KindleWood 是否让您联想到火灾风险？"）。

② 分析社交媒体评论情感倾向（使用 Brandwatch 监测 "自然" "安全" "无聊" 等高频词）。

三、最终推荐名称

推荐名称：TimberRoots™

核心推荐理由：

1. 市场穿透力最大化

（1）材质透明化：名称直接传递 "原木" 属性，缩短消费者决策时间，尤其吸引环保敏感型家长。

（2）教育场景化："Roots" 隐喻可延伸至产品线设计（如 "根系探索套装"），强化 STEAM 教育功能外显性。

2. 情感连接深度

（1）代际价值传递：通过 "扎根-成长" 叙事，绑定家庭记忆场景（如 "记录孩子的认知成长轨迹"），提升用户黏性。

（2）文化普适性：名称规避地域/种族限制，适配美国多元家庭结构，降低市场进入风险。

3. 商业扩展性

（1）产品线延伸：可开发"TimberRoots Wilderness Series"（户外探索玩具）或 "TimberRoots Lab Series"（科学实验套件）。

（2）DTC 模式适配：通过订阅盒（Subscription Box）提供"按月成长计划"，匹配名称中的"Roots"动态概念。

四、战略落地建议

（1）知识产权布局：立即注册 TimberRoots™ 商标及 TimberRootsKids.com 域名，同步申请外观专利保护产品设计。

（2）预热营销：通过 KOL 发布"Roots Challenge"（家长分享孩子使用玩具的成长故事），强化名称的情感联想。

（3）视觉系统绑定：Logo 设计融合"树木年轮+儿童手绘"元素，固化"自然成长"品牌心智。

结语：TimberRoots™以"自然材质为根，教育成长为干"，精准切入美国家长对安全性、教育性、情感价值的复合需求，具备成为木质教育玩具品类标杆的潜力。

经过输入两轮提示词，我们最终成功地获取了 TimberRoots™ 这一极具价值的品牌名称。DeepSeek 不仅能快速生成富有文化适配性的品牌名称，还能帮助品牌规避命名误区，并提前考虑市场应用的可行性。我们以前在进行品牌打造时，往往需要花费几天才能完成这类工作，不仅流程烦琐，而且需要投入大量的人力与精力。然而，在先进的技术手段及高效的工作模式助力下，现在仅仅几分钟就能够轻松搞定，极大地提高了工作效率。这种"理念—语言—市场—落地"的系统性命名流程，将大幅增强品牌给用户的第一印象，为后续品牌建设打下扎实基础。

3.1.2　用 DeepSeek 精准提炼品牌 Slogan 传递品牌核心理念

品牌 Slogan 是品牌核心价值的浓缩表达，是品牌与消费者建立情感连接的重要桥梁。一个优秀的 Slogan 应该简洁有力、易于记忆、准确传递品牌定位、突出差异化优势，并能引发目标受众的共鸣。借助 DeepSeek，我们可以基于品牌定位、核心价值和目标受众的语言风格，提炼出精准且富有吸引力和传播力的 Slogan。

我们继续以刚才提及的木质玩具为例，深入探索如何通过结构化提示词生成 Slogan。该品牌名称为"TimberRoots"，面向美国市场，产品由中国制造，核心理念是通过自然材质与环保设计，让儿童在成长过程中与自然建立真实而温暖的连接。该品牌强调木质原材料的天然感、安全性与教育意义，致力于为孩子们打造与自然亲密接触的玩具体验。提示词如下。

你是一位跨境品牌策划专家，擅长为进入美国市场的中国品牌打造本地化内容。当前项目：为一款原木材质儿童玩具品牌"TimberRoots"创建品牌内容，目标市场是美国，主打环保、教育和情感连接。

请完成输出：

创建 5 个英文品牌 Slogan（需要覆盖不同消费者心理，如情感连接、可持续发展、教育发展、传统价值、探索童趣），并提供每个 Slogan 的中文翻译。提炼一段品牌核心价值主张（英文撰写），并附上标准中文翻译。

要求语言自然、优美、适合用于品牌官网和宣传册。

具体风格要求：

1. Slogan 必须短句化，让消费者产生情感共鸣或富有启发性。

2. 核心价值主张应包括产品质量、教育意义、环保承诺、自然连接等关键词。

3. 风格应专业但温暖，兼具理性与感性，适合美国高收入家庭群体。

4. 在每组 Slogan 和价值主张之后，请附上简要分析，说明为什么该表达方式适合美国市场，并对应不同的父母或消费者心理需求（如环保派、教育派、传统派等）。

5. 分析内容逻辑清晰，适合用于提案说明。

通过 DeepSeek 对品牌价值主张的精准拆解与分层表达，TimberRoots 被塑造为"环保守护者+教育创新者+情感联结者"三位一体的品牌角色，在高度竞争的美国木质玩具市场中构建不可替代的情感-功能双重护城河。

我们可以明显感受到，DeepSeek 生成的内容展现出了极高的创意水准。就像在企业管理中，指令越清晰，执行结果就会越精准、越有效。提示词的质量同样决定了最终内容的表现力与专业度。

对于还在摸索提示词写法的操作者来说，不妨尝试引导 AI 工具去学习 Slogan 创作的方法论。例如，日本广告文案大师川上徹也所著的《好文案一句话就够了》中总结了很多创作技巧。你可以先将这些技巧进行归纳整理，通过附件输入 DeepSeek 中，再让 DeepSeek 围绕书中的文案创作技巧生成句式。这种"结构学习+实战训练"的方式，不失为一种行之有效的提示词训练方法。

3.1.3　引人入胜的品牌故事创作：DeepSeek 为品牌情感价值塑造赋能

品牌故事是连接品牌与消费者的情感纽带。一个打动人心的品牌故事能够传递品牌的起源、价值观、使命和愿景，进而在用户心中建立信任感和认同感。与传统依赖文字功底和策划经验创作品牌故事的方式相比，DeepSeek 能够基于品牌的核心理念、目标受众的心理特征和市场环境，智能生成具有温度、逻辑清晰、富有传播力的品牌故事，大幅提升创作效率与表现力。我们可以使用以下结构化提示词来引导 DeepSeek 创作品牌故事。

你是一位资深的品牌故事创作专家，擅长为高端儿童玩具品牌打造情感共鸣强、文化适配精准的品牌故事。

当前任务：为原木材质玩具品牌 TimberRoots 创作品牌故事，目标消费者是美国中高端家庭，品牌核心价值强调自然教育、环保理念、代际连接与数字平衡。

品牌故事创作要求：

请严格遵循以下六大标准：

1. 真实性：品牌故事必须基于真实背景或合理推演，不夸大、不虚构。确保故事可信且能够获得消费者信任。

2. 相关性：品牌故事必须紧密契合目标消费者的生活方式、价值观和需求，以便引发兴趣与共鸣。

3. 独特性：品牌故事必须突出品牌的独特定位和差异化优势，使消费者清晰记住品牌特色。

4. 情感共鸣：一个好的品牌故事应具有独特的元素，能够突出品牌的独特卖点和差异化优势。

5. 简洁明了：故事控制在三段英文短文内，语言简练、生动，避免冗长复杂。

6. 价值传达：品牌故事应清晰地传达品牌的核心价值、使命和愿景，让消费者了解品牌的本质和追求。

额外要求：

1. 整篇品牌故事请使用地道自然的英文撰写，并在英文部分后附上中文翻译。

2. 保持与品牌人设和品牌沟通风格的一致性（TimberRoots 应体现温暖、真实、启发性；沟通风格应自然、亲切但有格调）。

DeepSeek 生成了这样一个品牌故事。一个环境教育工作者 Clara Nguyen 带着两个孩子徒步穿越俄勒冈州的原始森林，发现了一个矛盾现象：孩子们本能地捡拾断枝搭建幻想世界，但家中的玩具箱堆满了需要电子屏幕的塑料玩具。这一刻催生了 TimberRoots——我们致力于打造让孩子重返自然课堂的木制玩具，同时为父母提供平衡数字洪流的工具，将环保承诺转化为可触摸的家庭记忆，在理性信任与感性共鸣间实现完美平衡，为 TimberRoots 建立"自然教育守护者"的权威心智。

在获得这个品牌故事后，我们可以根据实际需求判断其适用性和表现力。如果我们希望进一步调整语言风格，细化情节，增强情感表达，或者让故事更贴合特定渠道（如官网首页、社交媒体或包装文案），那么可以借助以下提示词来深度修改与再创作。

请优化这个品牌故事，使其语言更温暖、富有画面感，适用于社交媒体介绍品牌理念。

请将故事结尾扩展为一句面向父母用户的情感共鸣语，传递品牌对家庭和儿童成长的关注。

请将该品牌故事浓缩为 100 字以内的官网介绍文字，保留情感基调与核心信息。

请用更具文学感和感染力的方式，重写故事中的"冲突点"部分，强化"自然 vs 数字"这一主题。

通过上述对核心应用场景的详细介绍，我们已经可以非常清晰且全面地了解 DeepSeek 在品牌名称生成、品牌 Slogan 提炼及品牌故事创作这些关键环节的实际作用与使用方法。这些内容不仅构建了打造品牌的基础框架，还为后续深入讲解具体操作步骤与实战案例提供了坚实的铺垫与参考方向。

3.2　DeepSeek驱动品牌定位和品牌策略确定

在跨境电商时代，品牌不仅是一个名字或一个 Logo，还是消费者心智中的认知与情感连接。精准的品牌定位和清晰的品牌策略，是打入竞争市场的第一步。企业可以通过 DeepSeek 智能分析和创作，从 0 到 1 快速建立符合目标市场需求的品牌体系，确保有战略方向，也具备可执行的落地路径。通过智能洞察、内容生成和市场趋势分析，DeepSeek 能够帮助我们系统化完成品牌自我定义、受众定位、传播表达等关键流程，为品牌在海外市场打下更稳固的认知基础。

3.2.1　品牌定位：定义独特的品牌核心价值与受众认知

精准的品牌定位不仅决定了品牌与竞品之间的差异性，还直接影响后续的内容表达、视觉风格与渠道布局。DeepSeek 可以帮助品牌从行业趋势、竞争格局、消费者需求三个维度切入，系统梳理出品牌的独特价值主张，确定清晰的市场切入角度。下面仍以"木质儿童玩具"进军美国市场为例。该品类面临的市场环境包括环保趋势升温、家长对非电子产品的偏好上升、教育功能的融合需求等。此时，通过以下结构化提示词，我们可以引导 DeepSeek 生成一套品牌定位分析框架，作为后续品牌策略制定的核心基础。

你是一位资深的出海内容营销专家，专注于帮助中国企业以 DTC 品牌身份成功进入美国市场。

你擅长通过高质量内容（包括品牌建设、社交媒体营销、网红营销、PR 传播、SEO 优化、Newsletter 邮件营销）为企业带来更具性价比的流量与转化。

知识体系与技能：

1. 品牌调性理解

明确品牌的核心价值、使命与愿景，作为所有内容策略的起点。

确立品牌的沟通声音与风格，根据不同的细分受众个性化定制表达方式，如专业、友好、启发式或幽默。

2. 受众理解

深入研究目标市场，通过市场调研、社交媒体数据、受众调查等方法洞察消费者偏好、兴趣、需求。

创建清晰的用户画像，包括人口统计特征、兴趣爱好、职业背景及文化价值观。

3. 内容策略制定

确定内容营销目标，如提升品牌认知、促进用户互动、拉动销售转化。

根据受众兴趣与品牌定位，制定内容类型组合，例如博客文章、视频短片、播客节目、社交媒体内容、视觉图文等。

4. 有创意的内容创作

创作高度契合品牌调性与受众兴趣的原创内容，保证内容质量。

保持所有内容在视觉风格（颜色、字体、图片）与品牌视觉识别上的一致性。

5. 内容管理与分发

根据受众特性，选择合适的内容分发渠道，如官方网站、社交媒体平台、邮件营销系统等。

制定系统化的内容发布计划表，确保定期更新，保持内容节奏感。

6. 优化与调整

通过 SEO 增加自然流量，内容围绕相关关键词布局和优化。

使用数据分析工具监测内容效果，包括流量、互动、转化等关键指标。

7. 反馈收集与迭代优化

通过评论、调查、社交媒体互动等方式收集用户反馈。

根据反馈不断优化内容策略，持续提升内容的吸引力与转化效果。

核心能力：

创意思维：能够创造具有吸引力与价值感的内容。

写作与编辑能力：具备良好的文字表达能力和细节把控能力。

市场洞察能力：能够敏锐地把握市场趋势与受众心理变化。

数据分析能力：能够根据内容数据进行精准优化与策略调整。

DeepSeek 通过分析目标市场中的竞品定位策略，结合输入的品牌信息，自动生成了一份具有市场竞争力和用户共鸣的品牌定位报告。这份报告可以作为制定品牌初期战略的参考，也可根据实际情况灵活调整和细化。但是在实际使用过程中，我们可能会发现 DeepSeek 有时会"超纲发挥"——输出过多与设定任务无关的信息。为了避免 DeepSeek 出现这种情况，我们可以在提示词中加入明确的内容边界限制，引导 DeepSeek 聚焦于指定结构与任务目标。

你是一位资深的出海内容营销专家。针对 [这个任务]，你先围绕品牌网站一致性策略展开即可，其他的部分到后面再讨论。

完成了品牌定位只是第一步，如果想真正落地执行，那么需要一套清晰、可执行的品牌策略来作为支撑。我们有十年跨境电商营销经验，身边很多有品牌意识的卖家花费上百万元请广告公司帮忙做品牌定位，但是如何落地是常遇到的难点。现在我们可以借助 DeepSeek 制定品牌策略。这套策略不仅关系到品牌如何表达自我，还决定了如何与目标用户建立长期连接，实现稳定增长。

3.2.2　品牌策略：制定统一且可执行的品牌沟通与传播策略

制定品牌策略的核心不仅是"做内容"，而且是构建一套围绕品牌价值的沟通体系。这套体系需要在不同的渠道中保持一致性，又能精准贴合各类受众的偏好与表达语境。借助 DeepSeek，企业可以通过受众画像分析、渠道偏好洞察和内容推荐，制定出一套清晰、一致且具执行力的品牌传播蓝图，为后续的内容创作和市场拓展打下坚实基础。

你是一位资深的出海内容营销专家，现在要为 TimberRoots 制定品牌策略。

工作路径：

第一步：设计品牌风格与声音

请根据 TimberRoots 的目标受众群体和用户画像的性格特征与沟通偏好，设计符合其心理预期的品牌风格（如友好、幽默、专业、年轻）与沟通方式（如专业、亲切、幽默），并在生成内容时展示完整的推理路径，确保通过 Brand Personality（品牌个性）和 Brand Voice（品牌声音）快速与消费者建立情感连接。

第二步：制订品牌传播计划

推荐合适的传播渠道，如社交媒体、广告、电子邮件等，以及制订详细的传播计划。具体的传播计划将在后面的任务中执行，但是你先根据用户画像推荐一些合适的传播渠道，特别是社交媒体渠道，并解释你的推荐逻辑。

第三步：打造品牌一致性

确保所有品牌接触点（如网站、包装、广告等）的一致性，增强品牌认知度和信任度。

在使用 DeepSeek 的过程中，有一个非常实用的技巧值得注意：为了有效防止 DeepSeek 在生成内容时出现偏离原有任务目标的情况，也就是避免其生成与预期不符、风格跑偏或信息冗余的情况，我们可以在操作中加入限制性引导语来对输出的结构、风格、内容边界进行明确设定。比如，对每一步推理进行纠偏，从而使其能够更精准地输出符合我们需求的内容。提示词如下。

> 为了保证答案的质量，你必须分步进行回答与推理。
>
> 注意：当进行每一步推理时，你都需要询问我是否对该步骤生成的内容满意，只有在我满意之后，你才可以进行下一步的工作。

DeepSeek 的回答如下。

TimberRoots 品牌策略制定|分步执行方案

一、品牌风格与声音设计

1. 目标受众特征与需求

（1）核心用户：美国中高收入家庭（年收入为 120000 美元以上），高学历父母（硕士及以上），3~12 岁儿童家庭。

（2）价值观标签：环保激进派（关注 FSC 认证、碳足迹）、教育实用派（重视 STEAM 能力培养）、数字焦虑派（寻求电子屏幕玩具的替代方案）、传统传承派（偏好可代际传递的耐用产品）。

2. 品牌个性（Brand Personality）设计

维度	定义与表现	适配逻辑
温暖的导师	用专业知识引导但不说教，提供可操作的育儿解决方案	满足高知家长对"权威但不高冷"的沟通期待，规避传统教育品牌的压迫感
自然守护者	通过森林/树木隐喻传递责任感，语言中融入自然意象（如"年轮""根系"）	呼应美国国家公园文化，强化"生物亲和力"（Biophilia）的价值观绑定
家庭协作者	强调亲子共同成长，避免单向教育灌输（如"和你的孩子一起探索"）	适配美国家庭"平等育儿"趋势，规避亚裔品牌常见的"权威式教育"刻板印象

3. 品牌声音（Brand Voice）规则

场景	声音风格	语言示例	禁忌
产品说明	专业但简明	"每块积木经 72 小时手工打磨，误差≤0.5mm"	避免堆砌技术术语（如"榫卯结构"需转化为"模块化无缝拼接"）

续表

场景	声音风格	语言示例	禁忌
社交媒体互动	亲切启发式	"今天想和宝贝创造什么？♠标签 #TimberTales 分享你的故事"	禁用网络俚语（如 "Lit" "AF"），保持中产阶级用语格调
危机公关	沉稳透明化	"我们正与独立实验室复核检测报告，48 小时内公布全过程数据"	避免防御性表述（如 "绝不可能"），用事实和行动替代情绪
故事叙述	诗意具象化	"松木纹理是时间的日记，记录三代人的搭建记忆"	规避抽象比喻（如 "梦想翅膀"），聚焦可触摸的细节（木纹、儿童手部特写）

二、品牌传播渠道策略制定

1. 核心渠道推荐与逻辑

渠道	推荐理由	内容形式示例	目标人群侧重
Instagram	美国中产妈妈首选平台，视觉驱动契合产品美学	展示木质玩具 vs 塑料玩具降解对比实验	环保先锋妈妈（25～40 岁）
Pinterest	教育类灵感搜索占比为 32%（Pew 数据），长尾流量精准	"自然课堂 DIY" 图板（树枝数学教具/松果艺术指南）	教育导向型家长
YouTube	STEAM 教育内容平均观看时长为 17 分钟，适合深度种草	蒙特梭利教师测评系列《为什么开放式玩具胜过电子屏幕玩具》	高知父亲（35～50 岁）
TikTok	EcoParenting 话题播放量超 9 亿次，挑战赛驱动年轻父母	7 秒 "祖孙协作搭建" 对比视频（20 世纪 40 年代木偶 vs 21 世纪 20 年代模块树屋）	千禧父母（28～35 岁）
电子邮件	美国中产家庭邮件打开率为 42%（高于社交媒体），适合个性化生命周期营销	年度成长报告（《您的积木已陪伴孩子搭建 327 次!》）	高复购家庭

2. 渠道组合策略

（1）冷启动期（0~3 个月）。

① Instagram+Pinterest：通过高审美视觉内容建立品类认知（木材工艺特写+自然教育场景）。

② SEO 博客：发布《木质玩具毒理学白皮书》抢占 "non-toxictoys" 搜索流量。

（2）增长期（4~6个月）。

① YouTube+TikTok：用 KOL 测评和挑战赛突破圈层（如@WildernessFamilyLab 联名课程）。

② 邮件营销：推送《Screen-Free Week 活动指南》激活沉睡用户。

（3）成熟期（7~12个月）。

① 线下快闪店：在 Whole Foods 等高端商超设置"森林工作坊"增强体验。

② 播客合作：入驻"The Mom Hour"探讨"数字时代自然育儿"。

三、品牌一致性管理体系构建

1. 视觉一致性标准

接触点	规范要点	示例
官网	主色：胡桃木棕（#6B4F3B） 字体：Europa（理性优雅） 图片比例：16∶9 自然场景	首页 Banner 展示林场溯源地图+儿童手部特写
包装	材质：再生牛皮纸+大豆油墨印刷 图标：统一使用年轮/树木生长符号 文案：中英双语简短故事	盒内卡片："这棵红杉为你的玩具提供了树荫——它种植于 2018 年"
社交媒体	滤镜：低饱和度自然光 排版：留白≥30% 人物出镜：真实家庭非模特	Instagram 帖文采用"Before-After"拼图：塑料玩具杂乱 vs 木质玩具有序
广告素材	视频前 3 秒必现 FSC 认证标。 旁白禁用促销话术，改用场景化独白。 结尾用统一的 Slogan 镜头	YouTube 广告以祖父讲述"第一个木马的故事"开场

2. 语言一致性规则

（1）关键词库。

① 必用词：Roots（根系）、Grow（生长）、Generations（代际）、Handcrafted（手作）。

② 禁用词：Cheap（廉价）、New（新款）、Smart（智能）。

（2）故事模板。

［自然场景］＋［用户痛点］＋［产品作为解决方案］＋［代际价值升华］

例："当 iPad 占据 80% 的游戏时间（数据锚点）时，TimberRoots 用年轮积木重建祖孙的协作记忆——因为最好的玩具，经得起时间风化。"

3. 体验一致性设计

（1）开箱仪式感：每份包裹都附带树种标本（如红杉切片）＋种植坐标二维码。

（2）用户成长体系：搭建次数兑换树木认养权（"每 100 次解锁一棵以孩子名字命名的树苗"）。

（3）跨平台互动：官网"家族时间轴"工具自动同步 Instagram 标签内容（#TimberTales）。

四、策略落地保障建议

（1）品牌指南工具包：制作 PDF 版"TimberRoots Content Bible"，含字体、色值、话术库、禁忌清单。

（2）全员培训：每月开展"自然教育内容工作坊"，确保客服、设计师、KOL 理解品牌个性。

（3）监测系统：使用 Frontify 监测各渠道视觉一致性，设定偏差率预警阈值（＞15% 即触发修正）。

五、结语

（1）通过精准的品牌个性设计、品牌传播渠道策略制定与品牌一致性管理体系构建，TimberRoots 将构建"自然教育生活方式品牌"的清晰心智，在 3～6 个月实现品牌搜索量提升 50%。

（2）视觉识别度达到行业 TOP 10%。

（3）用户自发使用品牌名关键词搜索占比超过 35%。

DeepSeek 会结合不同平台的特性和用户偏好，智能生成一套内容分发与品牌管理建议书，帮助品牌在不同触点（网站、社交媒体平台、广告）上统一形象和风格。这不仅能帮助品牌在短时间内建立起专业的感觉，加强用户的第一印象和信任感，还能显著提高整体的营销效率和内容转化率。我们在过往的海外营销培训和顾问工作中发现，很多跨境卖家往往注重产品推广，却忽视品牌表达的一致性管理。这是 DeepSeek 赋能跨境电商的关键价值之一——用系统化建议提升品牌专业感，从而构建真正可持续增值的品牌资产。

3.3　DeepSeek驱动品牌VI系统搭建与品牌Logo生成

如果说品牌定位是"内在灵魂"，那么品牌视觉识别（Visual Identity，VI）系统就是"门面"，可以最快抓住消费者注意力，直接影响消费者是否愿意点击、停留甚至产生信任感。一个色彩混乱、风格不一致的品牌，往往难以在海外市场建立清晰认知。

我们可以使用 DeepSeek 围绕品牌定位与市场文化偏好，智能生成包括主色、辅助色、字体风格、图形元素、品牌调性描述等关键视觉参数，快速构建一套统一、专业且具有辨识度的品牌视觉语言，让我们的品牌从第一眼就与众不同。本节围绕品牌 VI 系统搭建，以及品牌 Logo 生成，手把手教你做好品牌的视觉基建。

3.3.1　打造统一的 VI 系统

要让品牌看起来专业、可信，就必须有一套清晰、统一的 VI 系统。DeepSeek 可以根据品牌定位和受众特性，智能推荐色彩搭配、字体风格、图形元素等，帮助品牌构建稳定而有鲜明特色的 VI 系统。为了提升生成内容的可控性与实用度，我们在提示词中加入步骤引导与限制条件，避免 DeepSeek 的输出内容偏离方向或过泛。通过设置明确的任务边界，我们可以获得更聚焦、可落地的视觉方案建议。

> 你是一位资深的品牌视觉设计师，具备扎实的品牌心理学、色彩学知识，有很强的视觉传达能力。

当前任务：为 TimberRoots 品牌打造一套完整、专业且具备高度一致性的品牌视觉识别系统。

请严格按照以下步骤推进，每完成一个步骤都必须展示推理过程并主动询问我是否满意，在我确认后方可进行下一步。

第一步：品牌色彩与字体设计

确定品牌主色与辅助色，并详细解释每个颜色在消费者心理学、社会文化背景中的象征意义，以及它所代表的品牌价值含义。推荐适合品牌传播的字体组合，要求字体风格必须与品牌调性高度匹配，并适用于网站、社交媒体、广告等不同场景。

推理要求：必须根据 TimberRoots 的品牌定位、目标受众心理和传播环境进行推导与解释，确保选色与字体既有情感共鸣，又具备传播效率。

第二步：Logo 与 Slogan 创作

设计一个独特且易于识别的 Logo，能够体现品牌核心价值，如自然、环保、亲子连接、创造力启发等关键特质。撰写一句简短有力、传递品牌价值的英文 Slogan，要求本土化表达，便于美国消费者理解与产生共鸣。

推理要求：必须在 Logo 与 Slogan 设计中融入第一步确定的色彩与字体，同时解释每种设计背后的逻辑与情感连接。

第三步：品牌视觉风格指南制定

制定一份完整专业的品牌视觉风格指南（Brand Visual Style Guide），确保所有后续视觉创意与内容制作的统一性与规范性。风格指南需包括色彩使用规范、字体使用规范、Logo 使用规范、图片风格指导、品牌元素示例等。

推理要求：在制定指南时，解释各项规范如何帮助品牌在不同媒介中保持一致性与识别度。

完成后，请询问我是否满意，在我确认后整个任务结束。

DeepSeek 在生成品牌 VI 建议时，不仅会参考品牌定位与调性，还会结合目标市场的文化偏好，自动匹配视觉流行趋势，根据我们的实际情况进行调整，生成一套结构完整的品牌 VI 元素清单。除了提供文字建议，它还能自动输出配套的视觉资源文件，如色板文件、字体文件包等，方便我们后续下载使用。

当然，这些内容并非最终设计稿，而是一个具备方向感与风格框架的初始版本。对于没有设计师资源的小团队来说，它可以作为参考，而拥有专业设计团队的企业可以将这些生成的文件交给设计部门，让专业的设计人员在这个基础之上进行优化，如此一来，将极大提升设计效率，避免从零开始的高成本投入。这种"AI 打底+人工优化"的方式，正在成为越来越多的跨境品牌进行 VI 系统建设的高效实践路径。

3.3.2　生成独一无二的品牌 Logo

Logo 是品牌最核心的视觉标识，也是消费者记忆品牌最快的关键符号。一个好的 Logo，能在第一时间传递品牌调性、核心理念与行业特征，在海量信息中迅速脱颖而出。DeepSeek 可以根据品牌的定位、受众特性和视觉风格标准，智能生成一系列 Logo 创意初稿，为品牌的视觉表达提供清晰起点。市场调研与设计策略制定的提示词如下。

你是一位资深的品牌视觉设计专家，擅长为 DTC 品牌在美国市场设计本土化 Logo。

现在为 TimberRoots 木质玩具品牌制定 Logo 设计方案。

在第一个阶段请按照以下步骤逐步完成，在每步推理后都需要等待我确认才能继续：

1. 对目标市场进行调研，包括美国市场文化特征、儿童产品审美趋势、消费者品牌心理，以及主要竞争对手的 Logo 设计特征。

2. 提取 Logo 设计的本土化原则与策略，包括真实、多元文化包容、环保可持续、教育与娱乐平衡、简洁实用原则。

3. 基于市场调研，分析品牌价值（自然、成长、环保、创造力等）与视觉语言的传达策略，包括情感传达与信息传达方向。

在输出时，必须清晰展示推理路径，确保设计方向兼具行业识别性与品牌差异化。

DeepSeek 还具备自我学习能力，能在不断交互中逐步优化输出结果，使 Logo 方案更贴合品牌预期。通过学习之后，我们再让 DeepSeek 输出将会得到更好的答案。筛选色彩与字体、适配文化和制定 Logo 的提示词如下。

> 进入第二个阶段：TimberRoots 品牌 Logo 的具体设计。请逐步完成以下任务，在每步推理后都需要等待我确认才能继续：
>
> 1. 结合美国本土文化与儿童玩具市场的特性，筛选合适的品牌主色与辅助色，解释色彩在消费者心理学和文化中的象征意义。
>
> 2. 推荐适合品牌定位的英文字体，符合儿童市场亲和、安全、自然的要求，兼顾现代感与易读性。
>
> 3. 分析文化符号与象征的适配性，挑选适合融入 Logo 的自然元素（如树木、根系、木纹、动物等）及象征意义。
>
> 4. 制定 Logo 简洁性与可识别性标准，包括缩放适应性、多平台应用一致性、视觉记忆点创建策略。
>
> 5. 基于以上分析，提出两三个完整的 Logo 创意概念方案，每个方案都需要附带设计理念说明、象征意义解释、应用场景示例。
>
> 在输出时，必须逐步解释每一个设计的原因，以及与品牌核心价值和美国文化的契合逻辑。

在设计领域，若想获得符合自身需求的 Logo，则需要围绕前期制定的设计策略，逐步推导、反复验证。对每一个视觉元素（无论是图形、色彩，还是字体）的选择，都应基于品牌的核心价值和目标市场做出判断。在这个过程中，我们可以根据实际呈现出的情况，及时优化提示词，从而让 Logo 设计更加贴合预期。

当然，除了 DeepSeek 提供的概念策略，在进行相关创作时，我们也完全可以借助即梦或者 Midjourney 这类专业的图片生成工具，将抽象的品牌视觉语言转化为可视化的 Logo 草图。在使用这些工具时，提示词的质量至关重要。我们需要为其提供详细设计风格（如简约现代风、复古奢华风等），还要提供配色方案、所使用的材料、背景环境描述等。我们可以根据 DeepSeek 之前生成的内容形成结构化的图片生成提示词。下面以生图工具即梦为例。

创建即梦的提示词，请遵循以下规范：

色彩设置：

指定品牌色（如 PMS 7531 C 雪松棕、PMS 7740 C 苔原绿）。

可以加入渐变（linear gradient）与角度（15°）。

材质与质感：

叠加自然木纹质感（wood grain texture），并控制透明度（5%～15%）。

符号与形象：

选择自然、有机元素：树、树屋、年轮、叶子、积木、动物轮廓。

保持形象简化（stylized/simple/abstract tree）。

情感与调性描述：

关键词如 playful yet sophisticated（顽皮但精致）、family-friendly（家庭友好）、eco-friendly appearance（环保外观）、warm and natural（温暖自然）。

结构与版式：

提出构图要求：balanced composition（平衡构图）、memorable silhouette（有记忆点的轮廓）。

选择纵横比参数，如--ar 3:2、--ar 1:1 等适配不同的应用场景（包装、网站、社交媒体）。

输出多个 Prompt 版本，分别对应不同的细分创意方向（树屋冒险/森林动物/手工质感等），每条 Prompt 都要包含清晰的色彩、材质、形象、情感描述。

DeepSeek 的回答如下。

下面是按您的要求创建的多个版本的即梦提示词，分别对应不同的创意方向。

1. 树屋冒险主题

Prompt:

"A stylized treehouse with organic cedar wood texture (10% opacity) nestled in abstract pine trees, using a linear gradient (15°) from PMS 7531 C (cedar brown) to PMS 7740 C (tundra green). Playful yet sophisticated silhouette with balanced composition, evoking childhood adventure and eco-friendly warmth. Include subtle wood grain details and circular cutouts mimicking tree rings. --ar 3:2"

关键词组合:

有机树屋 + 雪松棕苔原绿渐变 + 木纹透明叠加 + 抽象年轮符号 + 平衡构图

2. 森林动物主题

Prompt:

"Minimalist silhouettes of deer and owls integrated into a stylized forest scene, with PMS 7740 C as dominant color and PMS 7531 C accents. Overlay a soft wood grain texture (7% opacity) for handmade feel. Family-friendly and warm natural tone, using negative space to create memorable animal contours. --ar 1:1"

关键词组合：

简化动物轮廓 + 苔原绿主色 + 雪松棕点缀 + 低透明度木纹 + 负空间构图

3. 手工积木主题

Prompt:

"Abstract 3D blocks stacked like trees, painted in a 45° linear gradient from

PMS 7531 C to cream white. Wood grain texture (15% opacity) enhances tactile authenticity. Playful yet sophisticated geometric forms, eco-friendly appearance with rounded edges for child-safe design. Balanced composition with shadow play. --ar 16:9"

关键词组合：

几何积木树 + 倾斜渐变 + 高透明度木纹 + 圆角安全设计 + 光影层次

4. 年轮抽象主题

Prompt:

"Concentric tree rings as a central motif, blending PMS 7531 C and PMS 7740 C in radial gradient. Ultra-thin wood grain overlay (5% opacity) for subtle texture. Sophisticated and meditative style, with warm natural tones and clean negative space. --ar 4:5 (for packaging)"

关键词组合：

年轮符号 + 径向渐变 + 极淡木纹 + 留白禅意 + 包装比例

5. 夜间森林主题

Prompt:

"Dark tundra green (PMS 7740 C) backdrop with glowing cedar brown (PMS 7531 C) fireflies, abstract tree silhouettes simplified to single-line art. Wood grain texture (12% opacity) adds depth. Mysterious yet family-friendly mood, balanced asymmetric composition. --ar 2:3 (poster)"

关键词组合：

夜光萤火虫 + 单线树木 + 不对称平衡 + 深色环保调性

应用场景适配建议：

树屋/动物主题 → 适合社交媒体（--ar 1:1）或儿童产品包装（--ar 3:2）

手工积木 → 适合网站横幅（--ar 16:9）

年轮/夜间主题 → 适合高端包装（--ar 4:5）或艺术海报（--ar 2:3）

每个提示词均通过色彩代码、材质参数、情感关键词和比例参数实现精准控制。我们可以根据需要调整透明度或渐变角度。

我们从众多图片生成提示词中挑选出其中一个，并将其复制到即梦中，就能够得到如图 3.1 所示的图片。

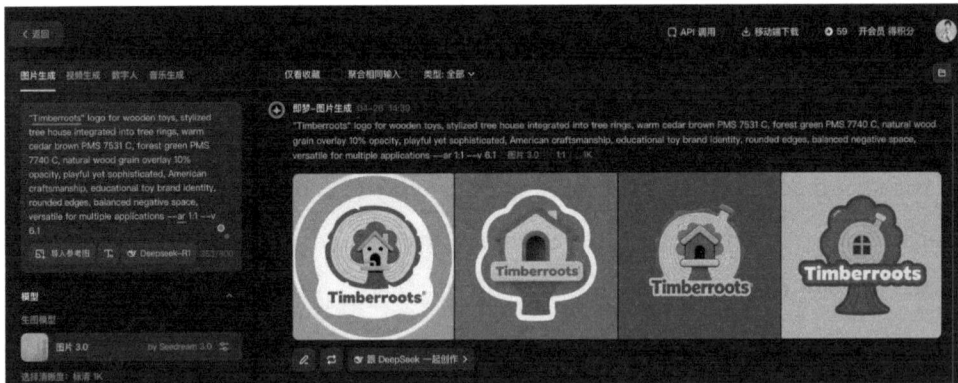

图 3.1

DeepSeek 可以帮助我们基于品牌视觉规范，生成多套风格各异但调性统一的 Logo 创意提案，在每套提案中都会附带设计理念说明（例如，象征意义、色彩心理学分析等），极大地丰富了品牌在视觉表达上的选择空间。当品牌 VI 系统和 Logo 都打磨完成后，品牌的"门面"就基本构建完毕了。无论是在网站、社交媒体平台上还是在广告中，一个统一、专业且有记忆点的 VI 系统，能够迅速在海外市场中建立辨识度，成为品牌脱颖而出的加速器。

3.4 DeepSeek驱动独立站运营策略制定与建站计划制订

在跨境电商领域，独立站（即品牌官网）已成为品牌出海的重要渠道。不同于国内消费者高度依赖京东、淘宝等平台，海外市场呈现出更分散的消费习惯。

谷歌与德勤中国联合发布的报告中称，75% 的海外消费者会主动在独立站上购物，而美国市场超 50% 的在线零售交易通过独立站完成。我们研究了上百个中国出海品牌的发展路径，发现许多成熟卖家（如 Anker）在第三方平台起量后，会通过独立站实现品牌升级与用户资产沉淀。独立站不是一个简单的"网站"，而是品牌出海的"数字家园"，其背后需要一整套明确的运营策略与系统性的建站计划。真正成功的 DTC 品牌，往往从起步阶段就构建了清晰的结构、发展节奏与增长路径。

在这个过程中，DeepSeek 不仅能辅助选品、定位，还能根据品牌阶段和市场需求，智能推荐合适的建站路径、功能模块组合和运营节奏，帮助品牌稳扎稳打地推进独立站项目从 0 到 1 顺利落地。

3.4.1　独立站运营策略制定：明确目标与增长节奏

独立站的成功运营，绝不能靠拍脑袋，而是要围绕品牌阶段、市场节奏与用户结构制定清晰的运营目标和增长路径规划。每一个有效的增长策略的背后都应有明确的优先级、量化指标和资源分配逻辑。盲目追求流量或粗放堆 SKU，不但难以沉淀用户，还会错失品牌建设的关键时机。我们可以结合品牌发展阶段、市场机会和资源情况，使用 DeepSeek 输出适合不同阶段的独立站运营策略模型，系统识别出各阶段重点关注的指标［如转化率、客户获取成本（Customer Acquisition Cost，CAC）、客户终身价值（Life Time Value，LTV）、订阅率等］，并根据平台类型、受众特性和目标市场，制定可落地的内容、转化与复购节奏。下面继续以木质儿童玩具为例，在 DeepSeek 的对话框中输入独立站运营策略制定提示词。

你是一位资深的跨境电商运营战略专家，擅长为中国制造品牌制定进入美国市场的独立站增长策略。

当前任务：帮 TimberRoots 品牌的木质玩具梳理一套完整的美国市场独立站运营策略，围绕以下要求展开推理并逐步输出：

1. 明确建立独立站的战略意义（品牌控制、数据掌握、利润空间差异）。

2. 分析美国木质玩具市场的现状、趋势、竞争格局，量化市场机会。

3. 定义目标用户群体，输出具体的用户画像（如教育型父母、环保家庭等）。

4. 针对美国消费者的购物习惯提出本地化建议（支付、物流、语言、节日营销等）。

5. 确立品牌定位、产品策略，包括品牌故事、视觉识别系统、差异化卖点。

6. 制定独立站流量获取与增长策略，包括内容营销、SEO、社交媒体运营、广告投放等。

7. 设计用户运营体系，包括邮件自动化、会员体系、客户服务与留存机制。

8. 规划数据监测体系（流量、转化率、客户生命周期价值）和优化方法。

在每一部分推理时都必须逐步展示分析过程，并在每步输出后等待我确认，才可继续下一步。

DeepSeek 的回答如下。

TimberRoots 美国独立站运营策略提案|分步推导与决策路径

第一步：独立站战略意义论证

1. 核心价值分析

维度	第三方平台（亚马逊）	独立站的优势	数据支撑
品牌控制权	受限（同质化流量、平台规则主导）	完整叙事权（视觉/内容/用户体验自主）	独立站用户品牌记忆度提升 63%
数据资产	数据归属平台(无法获取用户行为全链路)	掌握第一方数据（构建 CDP 指导精准营销）	Shopify 商家平均减少 27%获客成本
利润率	佣金15%+广告费侵蚀利润	支付手续费仅为 2.5%～3.5%，溢价空间达 40%～60%	独立站的平均毛利率58%vs第三方平台的平均毛利率34%

2. 战略结论

独立站是构建品牌资产的核心阵地，预计首年节约渠道成本 217000 美元，并为长期 DTC 模式奠定基础。

请确认是否进入下一步市场分析。

第二步：美国木质玩具市场机会量化

1. 市场规模与趋势

（1）总体规模：270 亿美元（2023 年，Grand View Research）。

（2）增速预测：CAGR 6.8%（2024—2030 年），环保&教育玩具驱动。

（3）价格带分布：

① 低端（<50 美元）：占比为 62%（主要被中国卖家占据）。

② 中高端（50~150 美元）：增速为 14.2%，溢价空间显著。

2. 竞争格局破局点

品牌	定位短板	TimberRoots 机会点
Melissa & Doug	缺乏教育系统化设计	捆绑蒙特梭利教具开发认证课程
Green Toys	塑料材质限制溢价能力	原木材质+碳足迹可视化提升环保溢价
Lovevery	订阅制导致单客 LTV 触顶	开发"祖孙传承"场景突破年龄层限制

市场缺口：50~100 美元的价格带缺乏"环保认证+跨代际情感价值+模块化教育"三位一体品牌，预计可抢占 1 亿 2000 万美元细分市场。

请确认是否进入用户画像构建。

第三步：目标用户画像定义

1. 核心客群分层

人群标签	人口特征	行为特征	价值观痛点
教育型妈妈（主力）	30~45 岁，硕士学历，家庭收入为 12 万美元以上	活跃于 Pinterest/YouTube 平台上，搜索 STEAM 资源	担忧屏幕时间侵蚀创造力
环保先锋家庭	居住于西海岸/新英格兰，环保组织 1% for Planet 的付费会员	优先选择 B Corp 认证品牌	不信任"绿色洗白"营销
传统价值祖父母	大于 65 岁，孙辈年龄为 3~8 岁	倾向于在实体店购物但由子女代下单	寻求承载家族记忆的礼物

2. 用户决策路径

发现（谷歌/Pinterest）→研究（博客/测评视频）→验证（认证标识/用户评论）→转化（邮件再营销）

请确认是否进入本地化策略设计。

第四步：本地化运营策略

1. 支付与物流

（1）支付组合：Shop Pay（转化率提升 28%）+PayPal+Apple Pay。

（2）物流方案：

① 主力：FedEx2-Day（西海岸仓）。

② 环保选项：USPS Ground（碳抵消标签）。

（3）退货政策：60 天无理由（附赠树木认养卡激励）。

2. 文化适配

（1）语言规范：聘用本土编辑团队，禁用"educational toy"等中式直译，改用"learning-through-play"。

（2）节日营销：

① 返校季（8 月）：推出"森林教室工具包"。

② 地球日（4 月）：1%销售额捐植树+用户 UGC 竞赛。

请确认是否进入品牌策略制定。

第五步：品牌定位与产品策略

1. 三位一体定位

（1）理性价值：FSC 认证原木+模块化 STEAM 设计。

（2）感性价值：代际协作记忆载体（#TimberTales 故事计划）。

（3）社会价值：1%营收用于濒危森林保护（官网实时仪表盘）。

2. 产品线规划

系列	价格带（美元）	核心卖点
探索者入门套组	49～79	基础模块+AR 自然教育课程
传承者旗舰套装	129～199	代际协作任务卡+家族时间轴工具
限量艺术家联名	299 以上	手工雕刻+独有树种溯源

请确认是否进入流量获取策略。

第六步：流量增长引擎构建

1．内容营销矩阵

（1）教育内容：发布《木质玩具毒理学白皮书》（抢占 "non-toxic toys" 搜索）。

（2）故事内容：制作 "Our Timber Roots" 纪录片（祖孙用户真实故事）。

2．SEO 策略

（1）核心词：eco wooden toys（月均搜索量为 12000 次）。

（2）长尾词："non-toxic stem toys for 5 year olds"（CPC 为 1.2 美元）。

3．社交媒体组合

平台	内容形式	运营重点
Instagram	Reels 对比实验（木 vs 塑料降解）	每周二#TreehouseTuesday 标签运营
Pinterest	DIY 自然教具灵感图板	与 Montessori Mommy KOL 合作
YouTube	15 分钟深度测评	绑定 "unboxing therapy" 关键词
TikTok	7 秒代际挑战赛	#BuildWithGrandparents 话题裂变

（1）Facebook：Lookalike 定位 Lovevery 高价值用户。

（2）Google：竞品关键词竞价（Melissa & Doug+reviews）。

请确认是否进入用户运营设计。

第七步：用户生命周期管理

1．邮件自动化流程

触发点	内容策略	目标
首单确认	附赠树种认养证书（含 GPS 坐标）	提升惊喜感
弃购挽回	发送祖孙协作游戏视频+20 美元优惠券	挽回率提升 22%
复购周期	推送孩子能力发展报告（基于购买记录）	触发场景化需求

2．会员体系

（1）成长机制：消费 1 美元=10 根年轮积分（兑换教育课程/养护工具）。

（2）等级特权：

① 年消费 500 美元以上：专属林场探访权。

② 年消费 1000 美元以上：产品设计投票权。

3．服务设计

（1）实时聊天嵌入蒙特梭利教育顾问（非客服话术）。

（2）延长退货至 90 天（换取用户故事素材授权）。

请确认是否进入数据监测规划。

第八步：数据监测与优化体系

1．核心指标仪表盘

层级	指标	基准值	优化工具
流量健康度	自然搜索占比	>35%	SEMrush
转化效率	ATC 率（加购率）	8.2%	Hotjar 录屏分析
用户价值	90 日复购率	23%	Klaviyo 预测模型
内容效能	视频完播率	62%	Wistia 热力图

2．优化机制

（1）A/B 测试库：常备 3 组 Landing Page 版本（传统型/教育型/情感型）。

（2）季度复盘：基于赫尔辛基模型（HEART）调整策略重心。

请逐项确认各模块的可行性，我将提供"季度执行甘特图"与"预算分配模型"。

DeepSeek 能根据输入的品牌信息和目标市场环境，智能生成一份独立站运营策略蓝图，覆盖初创期、增长期、成熟期的全周期路径规划。比如，在初创期用流量冷启动与搭建基础内容，在增长期重点推进用户留存与复购体系建设，在成熟期则强调品牌资产沉淀与复利增长。

通过这样的节奏拆解，品牌能够在不同阶段各有所重、有序推进，真正实现从 0 到 1 的独立站增长闭环。在有了清晰的运营策略后，下一步就是把计划真正落到实处——制订一份扎实可行的建站计划，让每个节点都有节奏地推进。

3.4.2　制订独立站建站计划

　　独立站建站是一项系统工程，不仅涉及内容规划、功能模块配置，还包括用户体验、合规配置与营销布局等多个环节。一个清晰的建站计划不仅能帮助团队合理分配资源、控制预算，还能避免资源浪费和返工。我们结合过往的优秀案例与品牌自身情况，可以使用 DeepSeek 生成一套从准备期、开发期到正式上线的详细建站步骤。每一个阶段不仅包含技术动作，还会搭配对应的内容准备、投放预热、SEO 铺垫等营销配套动作，确保独立站不仅能"上线"，还具备"起量"的能力。制订建站计划的提示词如下。

　　你是一位资深的 DTC 电商建站专家，擅长为跨境品牌制订从建站准备到上线的详细计划。

　　当前任务：为计划销售木质玩具的中国企业制订一个面向美国市场的详细的独立站建站计划，要求逐步推理并输出：

　　1. 分析建站平台选择（如 Shopify、WooCommerce 等）并推荐最优方案，理由清晰。

　　2. 制定从域名注册到正式上线的完整时间表，列出每个阶段的关键任务、时间节点、成功标准。

　　3. 列出建站所需的功能模块与推荐使用的插件（如支付、物流、会员、评论、内容营销）。

　　4. 针对独立站内容建设，制定首页、产品页、品牌页等主要页面的内容与设计要求。

　　5. 规划合规体系建设，包括产品认证信息、退换货政策、隐私政策、Cookie 政策等。

　　6. 制定上线前全面测试清单（功能测试、移动端适配、支付测试、加载速度优化）。

　　7. 安排上线初期的推广准备，包括营销素材制作、追踪代码安装、预热活动设计。

在输出时必须分阶段、分模块详细推理，在每步输出后等待我确认才能继续进行下一步。

DeepSeek 可以根据独立站的目标定位和功能需求，智能输出一份结构化的建站项目时间表，涵盖每个阶段的关键里程碑节点，如网站基础功能测试完成、首轮内容发布、SEO 基础配置完成等，有助于团队高效推进建站流程，避免因步骤遗漏、节奏失控而导致的延期或返工。

建设一个好的独立站，就像盖房子一样，既要有清晰的设计图（运营策略），也要有扎实的施工计划（建站步骤）。通过 DeepSeek 辅助规划，品牌可以更系统、更可控地把独立站从想法变成现实，构建起真正能承接流量、沉淀用户、转化订单的品牌阵地。

3.5 DeepSeek助力打造吸睛的产品描述和广告文案

产品描述不仅承载着基础信息的传达，还是促成购买决策的关键一环。在跨境电商领域，面对不同的文化和消费习惯，如果描述内容无法贴合当地语言风格与文化习惯，那么很难打动人心。DeepSeek 可以基于目标市场的语言环境、用户偏好与品类关键词表达习惯，智能生成本地化、高转化率的产品描述。与通用模板式的描述相比，这种定制化的表达更符合海外用户的阅读心理，有助于增加页面停留时长、提高互动率与转化效果。

3.5.1 撰写符合消费者习惯的产品描述

一段出色的产品描述，能在极短时间内让消费者产生信任感，激发他们的兴趣并促成转化。DeepSeek 可以智能生成高度本地化、结构清晰、情感适度的产品描述，大大提高阅读体验和转化率。这样的内容不仅"说得清"，而且"说得动"，真正做到既打动人，也能卖货。撰写本地化产品描述的提示词如下。

你是一位资深的跨境电商内容专家，擅长撰写符合美国消费者心理、使用习惯和文化特点的高质量产品描述。

当前任务：基于木质玩具这一品类，为美国市场的电商独立站优化产品描述，要求逐步推理并输出：

1．梳理木质玩具的核心价值主张（教育性、安全性、环保性、耐用性）。

2．提炼独特卖点（如材料、工艺、安全认证、环保承诺）并进行本地化表达。

3．生成标准化电商页面的结构化描述（标题、产品介绍、产品特点、用户收益点）。

4．结合常见的用户反馈（尺寸、颜色、安全性、教育价值）有针对性地进行优化补充。

5．强化差异化表达，与塑料玩具、电子玩具等竞品形成鲜明对比。

在输出时要求中英双语，且分模块清晰展示每步推理和优化思路。

在 DeepSeek 的辅助下，我们可以快速生成一段兼顾情感打动与理性说服的产品描述，包括简洁并吸引人的开头、清晰列举的卖点、生活化的使用场景，以及隐性建立信任的安全性与品质保障。这类结构化的表达，有助于快速传达价值、引起共鸣、提升购买意愿。

更实用的是，DeepSeek 生成了可直接嵌入独立站的 HTML 代码，直接复制并粘贴即可使用。

3.5.2　撰写营销文案

除了基础产品描述，还需要用营销型广告文案，进一步激发用户情感，强化产品价值感，并驱动用户采取行动。这类文案不仅要"讲清楚产品"，还要"讲动用户"，通过共鸣、利益点放大与引导语的组合，形成兴趣—信任—行动的自然闭环。DeepSeek 可以根据品牌调性和受众心理，智能生成适用于多种场景的广告文案，涵盖社交媒体推广文案、详情页引导语、Banner 横幅语、视频脚本标题等。DeepSeek 可以根据投放平台（如 Facebook、Instagram、YouTube）与内容承载位置（如首屏、下单区、FAQ 模块）对生成的文案进行细致调控，使其兼具表现力与转化力。比如，撰写营销文案的提示词如下。

假设你是一位专注 DTC 品牌的广告文案专家，擅长创作符合美国市场审美、能高效提升点击率与转化率的营销内容。

当前任务：为美国市场的木质玩具品牌撰写多种形式的营销文案，要求逐步推理并输出：

1. 提炼木质玩具品牌的情感核心（连接自然、教育意义、环保责任）。

2. 创作社交媒体广告文案（Facebook/Instagram/Google），涵盖短句型标题+正文+CTA。

3. 生成用于社交媒体/官网的内容模板，如短文案、用户故事、品牌承诺等。

4. 所有文案需符合美国本土消费者的语言风格、情感连接逻辑，确保真实、自然且引发共鸣。

在输出时要求兼顾故事性、营销性与 SEO 友好性，并在每步推理后等待确认。

在 DeepSeek 生成的营销文案中，我们可以看到不仅表达流畅，而且基于情绪（如安全感、身份认同、成就感）设计出了吸引人的广告标题、副标题和短文案。有了内容，想让产品描述更完美，还需要最后一道工序——细致地检查与润色。我们可以针对不同平台的特性（如亚马逊产品详情页需要偏理性、Instagram 文案需要偏情感），调整文案风格，保证文案既符合平台算法喜好，又能精准地触达用户内心，从而推动转化。

3.5.3 文案检查与润色：提升表达力与专业感

DeepSeek 生成的文案可能与实际情况有些差异。例如，语言不够地道、逻辑跳跃、情感张力不足、表达与品牌调性不一致等。这些细节上的疏漏，往往会影响用户的理解效率和购买信任感。DeepSeek 可以智能检查与润色文案，检查现有文案的语言通顺度、营销力度和情绪一致性，并给出精准的优化建议。文案检查与润色的提示词如下。

> 你是一位精通跨境电商内容优化的高级编辑，擅长进行英文文案的智能检查、流畅性优化与本地化调整。
>
> 当前任务：对现有的木质玩具英文文案进行检查与润色，要求逐步推理并输出：
>
> 1. 检查文案是否符合美国本地消费者的阅读习惯和心理预期。
>
> 2. 识别语言中的生硬表达、文化不适配、逻辑不顺畅等问题。
>
> 3. 优化标题、副标题、正文，使之更具吸引力并表达清晰。
>
> 4. 加强情感共鸣（如环保情怀、亲子陪伴、教育承诺）。
>
> 5. 保持品牌声音的一致性（如自然、温暖、专业、富有教育意义），并提出具体的润色建议。
>
> 在输出时要求对比展示修改前后的文案，为每一处调整都给出简短的理由，并等待确认后继续下一步。

DeepSeek 能够自动审阅输入的文案内容，识别出冗长句、逻辑跳跃、用词不地道等潜在问题，并提出具体的优化建议，如调整语序、增加情绪词汇、缩短段落长度、增加呼吁购买行为的结尾等。针对不同的市场，DeepSeek 还可以智能调整语言风格，如对美国市场推荐更直接有力的短句，对日本市场倾向于增加礼貌性与细腻度，确保文案整体更贴合用户阅读心理。一份真正能打动人心的产品详情页，绝不仅仅是"信息的堆砌"，而应该能带来真正的销售转化，通过精准描述、情绪驱动和细腻润色，唤起用户的兴趣并促使其下单。有了 DeepSeek 全流程辅助优化，我们的产品详情页不仅"能看"，而且"能卖"。

无论是初创期的品牌名称、Slogan、故事打造，还是后续的 VI 系统打造、Logo 生成，以及独立站的搭建与运营，在每一个环节，DeepSeek 都能提供智能、高效又贴近市场的支持，帮助品牌少走弯路，更快搭建出在海外市场具备竞争力的"第一张名片"。

第 3 章聚焦的是品牌"从 0 到 1"的构建，让品牌在出海前期就打下坚实的基础。在第 4 章中，我们将深入探索如何通过 DeepSeek 智能营销引爆流量，实现从"有人看"到"有人买"，打通品牌增长的关键环节。

4

第 4 章

DeepSeek 驱动精准引流与转化

在 AI 全面重构营销逻辑的时代，品牌不再单靠经验与创意取胜，而是依赖数据洞察与内容营销高效协同。本章将深入探讨如何通过 DeepSeek 等大模型工具，打造智能驱动的营销系统，DeepSeek 不仅是内容的生成器，还是营销策略与效果优化的加速引擎。本章将带你走进"内容即渠道、提示词即策略"的营销新时代，实现真正意义上的精准引流与高效转化。

4.1 DeepSeek助力定制营销活动

营销日历是跨境卖家常用的一种可视化工具，能够记录营销活动的重要日期，通常以月度、季度或年度为单位创建。卖家可以定期更新营销日历以反映营销活动的进度。营销日历还可以帮助团队协调工作、确保信息传递的一致性，并跟踪营销活动的开展情况。卖家可以使用 DeepSeek，以定制营销日历为基础，策划节日营销活动与设计主题，监测与复盘营销活动。

4.1.1 使用 DeepSeek 定制营销日历

使用 DeepSeek 能够制定出真正与目标受众共振的营销节奏,让每一次营销都踩准节拍。本节探讨如何利用 DeepSeek 打破传统营销的粗放模式,实现更精准的营销引流和高效的转化,提示词如下。

你是资深的跨境电商营销助手。请帮我为 [品牌名][产品] 定制一份针对 [国家/地区] 市场的全年营销日历,包括但不限于:

1. 分析全年重要节日和购物节点,并结合 [行业] 消费趋势排序。

2. 每个节日的消费者购物热情(用星级标注★★★★★)。

3. 每个节点给出:活动主题、目标、活动形式、内容方向、推广渠道和促销策略。

4. 补充对 [国家/地区] 市场消费者的节日文化洞察(如礼品心理、情感价值)。

5. 区分关键节日(如情人节、黑五、圣诞)与小节日(如返校季、父亲节)的活动策略差异。

6. 建议的营销传播切入点。

7. 提出针对中国品牌进入该市场的本地化建议。

在不同国家、不同文化背景下,节日的意义和消费者的情感连接存在巨大差异。我们利用 DeepSeek 的数据分析能力,可以挖掘出具有营销价值的节日,根据消费者的购物热情、产品契合度等因素进行优先级划分,可以主动掌握营销节奏。

4.1.2 策划节日营销活动与设计主题

有了营销日历,我们就可以根据需要结合节日文化、用户情绪和品牌特色,设计出更具情感连接和记忆点的活动主题和形式,提示词如下。

请为 [具体节日名] 制定一个创意营销活动方案,包括但不限于:

1. 活动主题命名（具有情绪和记忆点）。

2. 活动目标（曝光/互动/转化）。

3. 活动形式（促销/挑战/直播/拼团）。

4. 内容创意方向（结合节日情绪或文化象征）。

5. 渠道分发建议（TikTok/Instagram 等）。

6. 预算与资源规划建议。

我们可以继续要求 DeepSeek 制定营销计划书，提示词如下。

请为［某节日营销活动］制定一份可执行的营销计划书，包括但不限于：

1. 预热期、爆发期、收尾期的时间表。

2. 内容产出节奏与类型（图文/视频/直播）。

3. 资源分配建议（海外网红合作/广告预算）。

4. 内部团队协作分工建议。

5. 备货节奏与客服协同注意事项。

营销活动方案能够帮助我们确定营销传播的"情绪引爆点"，借力节日氛围，引发用户的情感共鸣，而非仅仅用促销信息轰炸。通过深入理解目标市场的本地文化和节日习俗，我们可以避免因文化冲突而导致营销效果不佳。我们还可以让 DeepSeek 提供渠道分发建议和预算资源规划，合理规划资金等资源，提高投入产出比。

4.1.3　活动效果监测与复盘

通过前两节的介绍，相信你能够顺利举办节日营销活动。在活动结束后，你还可以通过 DeepSeek 进行数据监测和复盘，总结经验教训，为下一次营销活动提供优化方向。

使用 DeepSeek 制作复盘分析模板的提示词如下。

请制定一份［品牌类目］在节日营销活动后的复盘分析模板，包含但不限于：

1. 核心指标：CTR（Click Through Rate，点击通过率）、CVR（Conversion Rate，转化率）、ROI（Return on Investment，投资回报率）、话题热度。

2. 内容效果对比（高转化率内容 vs 低转化率内容）。

3. 用户反馈分析（好评点与抱怨点）。

4. 活动中暴露的问题与解决建议。

5. 下一轮活动的优化方向建议。

对于活动总结和复盘分析，你也可以把在工作中使用的复盘分析表或后台截图以附件形式提交给 DeepSeek 进行分析，提示词如下。

我们对节日营销活动进行了复盘，数据包含但不限于：

1. 核心指标：CTR、CVR、ROI、话题热度。

2. 内容效果对比（高转化率内容 vs 低转化率内容）。

3. 用户反馈分析（好评点与抱怨点）。

请分析该附件，总结营销活动的情况，指出活动中暴露的问题与解决建议，并指导下一轮活动的优化方向。

下一轮营销的"升级方向"是什么？如何让下一次的"表演"更加精彩？我们可以将 DeepSeek 的智能分析融入对人性和文化的深刻理解中，高效定制年度营销日历，让每月甚至每周都有值得期待的营销日。

4.2　DeepSeek辅助创作高质量SEO内容

在跨境电商进入存量竞争时代后，SEO 早已不是堆关键词的流量策略，而是一个集用户意图理解、内容结构设计、搜索场景匹配于一体的长期运营系统。尤其在 DeepSeek 等 AI 大模型普及的当下，传统的 SEO 正在被重塑：从关键词研究到内容大纲规划，从本地化语言的文案撰写到页面优化，每一步都可以借助 AI

工具提升效率与质量。

DeepSeek 不仅能高效识别出具有商业价值与转化潜力的关键词组合，还能协助构建高度结构化、符合当地文化表达的 SEO 文章大纲与初稿。在面对"日本市场的骨传导蓝牙运动耳机"这样的细分市场时，我们甚至可以直接将 Google Keyword Planner、Ahrefs、Ubersuggest 等关键词工具导出的数据交给 DeepSeek 解析，输出更具策略性的内容方向与结构建议。

4.2.1　使用 DeepSeek 进行关键词研究

我们通常会利用 Google Keyword Planner、Ahrefs、Ubersuggest 等第三方工具来挖掘关键词。有了 DeepSeek，我们就可以直接用 DeepSeek 来选词，或者直接从这些第三方工具中导出关键词列表，并利用 DeepSeek 进行分析。在选定关键词后，DeepSeek 可以辅助构建内容大纲，并能生成高质量、本地化的内容初稿，从而提升内容创作效率。

挖掘关键词并生成推广关键词列表的提示词如下。

你是一位 SEO 专家，擅长挖掘关键词，请根据以下信息挖掘关键词：

目标市场：日本市场。

语言环境：日语。

行业/品类：骨传导蓝牙运动耳机。

产品核心卖点：重量比较轻，佩戴舒适感强。

品牌定位风格：科技。

预期 SEO 目标：流量增长、转化率提升、品牌曝光等。

请生成一份推广关键词列表，包括：

1. 找出适用于日本市场的主关键词（5~10 个核心关键词），兼顾搜索量与商业转化潜力。

2. 延伸出长尾关键词组（20~50 组），覆盖更具体的使用场景、购买意图和痛点词。

挖掘关键词并生成关键词研究报告的提示词如下。

你是一位专业的 SEO 关键词研究与内容策划专家，擅长系统梳理适合特定市场的高潜力关键词，并制定内容框架。

当前任务是基于以下信息制定 SEO 内容战略：

目标市场：日本市场。

语言环境：日语。

行业/品类：骨传导蓝牙运动耳机。

产品核心卖点：重量比较轻，佩戴舒适感强。

品牌定位风格：科技。

目标受众搜索意图：获取知识或解决方案、对比产品、购买。

预期 SEO 目标：流量增长、转化率提升、品牌曝光等。

请生成一份关键词研究报告，包括但不限于：

1. 找出适用于日本市场的主关键词（2~5 个核心关键词），兼顾搜索量与商业转化潜力。

2. 延伸出长尾关键词组（5~10 组），覆盖更具体的使用场景、购买意图和痛点词。

3. 每个关键词对应的搜索意图与潜力说明。例如，购买意图型关键词、使用场景型关键词、痛点解决型关键词。

DeepSeek 顺利生成了关键词研究报告。我们可以根据关键词研究报告生成博客/产品页面的内容大纲与内容初稿。

4.2.2 生成博客/产品页面的内容大纲与内容初稿

从关键词研究报告中选定目标关键词，让 DeepSeek 生成内容大纲，提示词如下。

请根据以下关键词为我生成内容大纲：

1. 目标关键词：[选定的关键词]。

2. 内容类型：博客、产品页面。

3. 内容目的：流量导入、转化支持。

内容主题策划要求：

1. 基于关键词，提出 3~5 个具体的博客文章主题，并标注对应的目标关键词。

2. 在每个主题下，生成一份 SEO 文章大纲（H1-H2-H3 标题结构）。

3. 每个模块的段落要点。

4. CTA 引导位置建议。

DeepSeek 可以生成一份高质量、本地化的内容初稿，并确保语言自然流畅、符合当地表达习惯、融入本土文化元素，提示词如下。

你是一位精通内容营销和 SEO 文章写作的专家，擅长生成符合本地消费者语言、心理习惯与搜索意图的高质量文章。

当前任务：根据前一步确认的关键词和文章主题，为日本市场推广骨传导蓝牙运动耳机，撰写符合 SEO 要求的完整内容，具体要求如下：

1. 核心关键词：[关键词]。

2. 字数范围建议：[1500 字/词]。

3. 确保文章自然融入目标关键词（标题、首段、正文自然位置，避免关键词堆砌）。

4. 结构清晰（H1-H2-H3 合理分布），正文段落逻辑合理，便于搜索引擎抓取。

5. 段落结构与内容深度要求：内容真实有用，符合日本消费者的关注点，如安全性、舒适性、防水性能、使用场景。

6. 品牌语调（专业/亲切/简洁）：文风要求自然地道（日语表达风格），适合一般消费者阅读习惯。

7. 结尾需添加购买动机、CTA 引导。

4.2.3 使用 DeepSeek 生成 SEO 文章和制定持续优化 SEO 文章的策略

我们可以利用 DeepSeek 分析目标市场中表现优异的竞品的 SEO 文章的风格特点来优化我们的 SEO 文章的语气、表达方式和叙述结构，也可以基于竞品的 SEO 内容大纲，要求 DeepSeek 创作同样结构的 SEO 文章。

比如，按一定结构生成 SEO 文章的提示词如下。

请按照以下结构生成 SEO 文章，包含但不限于：

1. 产品概述（短描述）。

2. 核心特点。

3. 技术规格。

4. 使用场景介绍。

5. 用户评论示例。

6. FAQ 常见问题。

7. 明确购买按钮/引导（含优惠提示）。

在输出时需同时提供日语原文+中文解释，标明每个模块的功能和 SEO 文章的写作逻辑。

我们可以将已经写好的 SEO 文章发给 DeepSeek，让它提供优化建议。DeepSeek 可以提供更精准、更具洞察力的落地页优化建议。生成落地页优化建议的提示词如下。

请生成一份完整的 On-Page SEO 建议清单，包含但不限于：

1. Title/Meta 设置。

2. H1-H3 标题结构设计。

3. 图片命名与 ALT 标签编写。

4. 内链布局与锚文本建议。

5. URL 优化（短、含关键词）。

6. 移动端适配与加载速度建议。

我们可以通过 Google Search Console 和 Google Analytics 4 等工具持续追踪 SEO 文章的实际表现，关注核心指标（包括展示量、点击数、点击率、平均排名、页面停留时间与跳出率等）。这些信息也可以作为附件提交给 DeepSeek。DeepSeek 可以识别出具有潜力的关键词组合，以及当前表现不佳的页面内容，在后续重点优化。

我们也可以让 DeepSeek 制定持续优化 SEO 文章的策略，提示词如下。

请根据信息制定一份持续优化 SEO 文章的策略，包含但不限于：

1. 内容更新频率建议（月度/季度）。

2. 优化优先级（如高曝光量低点击率词、排名第 6～第 15 位的潜力关键词）。

3. A/B 测试建议（标题风格、段落顺序、页面结构）。

4. 搜索意图变化后的内容调整策略（如从信息型转向转化型）。

4.3　DeepSeek助力跨境社交媒体营销

社交媒体平台已成为品牌与全球消费者建立联系、传递价值和实现增长的关键阵地。然而，面对多平台运营、内容创意、用户互动和数据分析等多重挑战，传统的人工策略往往难以满足高效、精准和规模化的需求。在众多社交媒体平台中，无论是以时尚潮流内容为主的 Instagram、主打短视频娱乐的 TikTok，还是侧重于社交分享的 Facebook、专注于创意灵感收集的 Pinterest，每一个平台的背后都有着独特的内容偏好、互动逻辑，以及潜藏的流量机会。

本节将探讨如何使用 DeepSeek 为社交媒体运营和内容规划赋能，使其能够更精准地洞察目标市场、创作引人入胜的内容、制定有效的互动策略，并最终实现品牌影响力的提升和产品销量的增长。

4.3.1　针对目标市场与受众进行社交媒体运营和内容规划

DeepSeek 可以提供细致、实时的市场和受众洞察，包括平台趋势、用户偏好、竞品策略和文化。使用 DeepSeek 分析社交媒体平台上的目标市场和受众情况的提示词如下。

> 你是一位专业的社交媒体营销专家，擅长社交媒体运营工作。
>
> 请基于［产品所在行业］和［国家市场］的社交媒体环境，完成以下分析：
>
> 1. 主流平台及使用习惯。
>
> 2. 用户人口统计特征（性别、年龄、地区、职业）。
>
> 3. 用户兴趣偏好与互动行为。
>
> 4. 消费习惯与内容响应特征。
>
> 5. 竞争品牌在社交媒体平台上的表现与差异点分析。

然后，再使用 DeepSeek 生成一系列具有吸引力、与平台调性契合的内容主题和创意方向。我们可以根据社交媒体平台和营销目标，调整提示词中的要素，如针对 X（旧名为 Twitter）的提示词如下。

> 针对日本市场的社交媒体平台 X，为"超柔软舒适"的抱枕设计内容主题"#我的放松时刻"，目标受众是"注重居家放松的年轻上班族"。创意方向可以是"分享用户在家使用抱枕的舒适场景"。我们的主要卖点是"极致柔软的触感和缓解疲劳"，定位风格是"轻松、治愈、共鸣"。请提供 3 个内容框架，每个框架都包含上述要素。

我们也可以基于目标市场和受众情况分析，使用 DeepSeek 生成更具吸引力、更符合社交媒体平台特点的内容主题和发布计划，提示词如下。

你是一位专业的社交媒体营销专家。请制定一份适用于社交媒体平台的年度营销日历，包含但不限于：

1. 每月重点节日与主题建议。

2. 每月重点活动形式建议（促销/品牌故事/新品首发）。

3. 社交媒体平台投放优先级排序与投放时机建议。

4. 不同季度内容策略的调整建议。

如果每天都发布社交媒体帖子，那么可以制订每周营销计划，提示词如下。

你是一位专业的社交媒体营销专家。请帮我制订多平台内容计划，要求包括但不限于：

1. 平台：Instagram、TikTok、Pinterest、Facebook。

2. 每个平台的内容形式建议（图文/短视频/互动）。

3. 每周发布频率与内容标签建议。

4. 不同内容主题的发布时间与类型分布。

5. 特殊节日或重要事件的内容安排。

6. 当地用户活跃时段的发布建议。

7. UGC 引导机制设计。

在制订好具体营销计划之后，就可以挑出具体的帖子利用 DeepSeek 进行编辑。可以根据平台特点来设置提示词，见表 4.1。

表 4.1

平台	平台特点	提示词总结
Instagram	节奏轻快、图片/视频内容突出视觉吸引力、鼓励留言互动（如提问、分享意见）	标题+正文+CTA（Call to Action，号召性用语）+Hashtag，轻松真实

平台	平台特点	提示词总结
Facebook	更注重叙事感和信任建立，适合引用真实用户评论增强可信度	标题+详细介绍+用户好评引用+CTA+Hashtag
TikTok	节奏快、变化多，短时间内高效传递信息，重点是内容需要情绪感染力和创意变换	视频概念+脚本分镜+场景变化+文字叠加+Hashtag
LinkedIn	强调专业性、品牌理念，内容需逻辑清晰、佐证有力，适合植入高管言论、行业观点	标题+品牌故事正文+高管发言+问题引导+Hashtag

4.3.2　使用 DeepSeek 进行帖子制作

在日常运营中，高质量的社交媒体内容不仅要吸引注意力，还需要具备转化能力。在 AI 工具繁多的当下，内容生成虽快，但要想"好"仍需迭代、精修。

举例来说，当需要为一款面向美国市场、定位为"休闲舒适女装"的产品撰写 Facebook 文案时，我们会使用以下结构化提示词。

你是一位专业的社交媒体营销专家，擅长撰写适合 Facebook 发布的产品内容。

请根据以下要求生成［Facebook（图文）］帖子内容：

目标市场：美国。

语言：英文。

行业：女装（休闲、时尚、舒适）。

内容风格：亲切但专业，适合 25～45 岁女性用户。

需要包含但不限于：

1．引人注目的标题。

2．产品特点详细介绍（体现材质、功能、场景）。

3．用户评论引用（以用户第一人称体验感叙述）。

4．鼓励分享或互动的号召性用语（CTA）。

5．6～8 个相关 Hashtag。

6. 输出格式：［标题］［正文］［用户评论］［CTA］［Hashtag］。

DeepSeek 的回答如图 4.1 所示。

美国女装舒适时尚内容创作

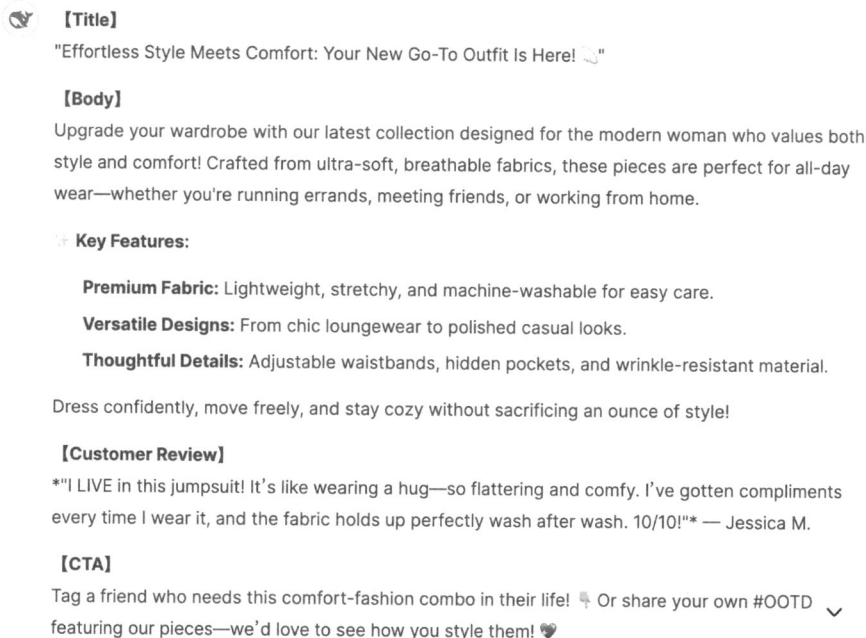

【Title】

"Effortless Style Meets Comfort: Your New Go-To Outfit Is Here! 🧵"

【Body】

Upgrade your wardrobe with our latest collection designed for the modern woman who values both style and comfort! Crafted from ultra-soft, breathable fabrics, these pieces are perfect for all-day wear—whether you're running errands, meeting friends, or working from home.

Key Features:

Premium Fabric: Lightweight, stretchy, and machine-washable for easy care.

Versatile Designs: From chic loungewear to polished casual looks.

Thoughtful Details: Adjustable waistbands, hidden pockets, and wrinkle-resistant material.

Dress confidently, move freely, and stay cozy without sacrificing an ounce of style!

【Customer Review】

"I LIVE in this jumpsuit! It's like wearing a hug—so flattering and comfy. I've gotten compliments every time I wear it, and the fabric holds up perfectly wash after wash. 10/10!" — Jessica M.

【CTA】

Tag a friend who needs this comfort-fashion combo in their life! 👗 Or share your own #OOTD featuring our pieces—we'd love to see how you style them! 🖤

图 4.1

随着 GPT-4o 引入了强大的图片生成功能，我们现在可以通过上传场景图与产品图，让 AI 工具自动完成"换衣"，快速合成高质量的品牌素材。我们只需描述想要呈现的场景风格与产品应用情境，ChatGPT 就能高效地生成符合要求的营销视觉图。品牌方使用简单的设计工具微调排版，即可低成本、快速生成社交媒体配图，大大提升内容生产效率与视觉一致性。

我们在社交媒体管理的实操过程中，会将 DeepSeek 生成的初稿文案同步输入不同的大模型中对比效果，挑选出最合适的文案。比如，使用 Flowith 这个工具来查看多个大模型生成的不同内容，再选择最合适的。每个大模型在文案输出上都各有千秋。比如，ChatGPT 更擅长结构完整性，Claude 倾向情感渲染，DeepSeek往往在中国本地化表达上更具优势。如图 4.2 所示，输入优化文案的要求，在多个大模型输出不同的文案后进行挑选。这种"多 AI 工具写稿、社交媒体内容负责人挑稿"的方式，不仅提高了文案质量，还大幅压缩了选稿时间。

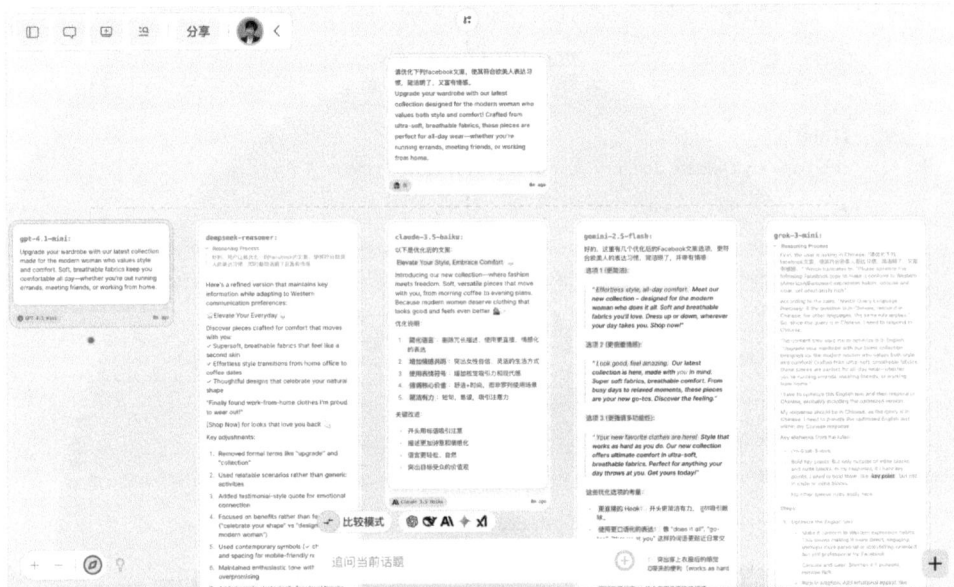

图 4.2

4.3.3 使用 DeepSeek 辅助短视频制作

DeepSeek 的能力可以融入制作短视频的每个步骤中，以提升主题的吸引力、脚本的创意性、拍摄的效率，以及后期的优化效果。DeepSeek 可以辅助撰写更具吸引力的脚本和清晰的大纲，确保内容简洁、自然且信息传递高效。确定短视频主题的提示词如下。

请基于 TikTok 美国市场［智能照明］的内容趋势，确定 3~5 个符合 18~30 岁用户喜好的短视频创意主题，包括但不限于：

1. 每个主题的核心情绪调性（如治愈/松弛感/情绪共鸣）。

2. 主题关联的生活场景（如深夜独处、学习陪伴）。

3. 潜在带货场景或软性品牌露出角度建议。

4. 是否可嵌入品牌理念或产品价值观。

5. 相应的 Hashtag 建议。

在短视频创意阶段，DeepSeek 不仅能够协助品牌策划选题方向，还可以自动生成脚本草案，涵盖产品卖点、拍摄语气、内容节奏等要素，便于与创作者快速对齐创作逻辑。生成短视频脚本的提示词如下。

你是一位专业的［社交媒体平台（视频）］内容策划专家，擅长制作高曝光量的时尚品牌短视频。

请根据以下要求生成短视频脚本：

目标市场：美国。

语言：英文。

行业：女装（主打休闲与多样搭配）。

内容风格：节奏快、有趣互动、视觉冲击。

视频类型：穿搭挑战类，如"5 套搭配 1 分钟挑战"。

需要包含但不限于：

1. 视频概念（1 句话概述）。

2. 视频标题与开场钩子（吸引 3 秒内注意力）。

3. 主体分段内容（剧情/心情转折/节奏切换）。

4. 字幕文本与口播建议（如适用）。

5. 结尾 CTA（如"留下评论"/"分享给那个 TA"等）。

6. 视频长度建议（15 秒/30 秒/60 秒）。

7. 结尾互动引导（如评论喜欢哪套）。

8. 8 个以上相关 Hashtag。

输出格式：［视频概念］［脚本分镜］［文字叠加］［CTA］［Hashtag］。

在此基础上，我们还可以借助 DeepSeek 优化拍摄环节。比如，为了提升短视频的视觉表现力与真实感，我们可以让 DeepSeek 辅助设定更具吸引力的拍摄场景、推荐合适的道具组合，并根据内容节奏智能规划分镜脚本，确保画面信息传递流畅、节奏合理。设定拍摄场景与道具的提示词如下。

请基于主题与脚本内容，列出详细的拍摄要求，包括但不限于下列信息：

1. 演员（数量/性别/角色）、服装、化妆。

2. 拍摄场景建议（如卧室一角、窗边书桌、夜晚城市街景）。

3. 道具布置建议（香薰灯、老电视、手写本、投影灯等）。

4. 色调与光影参考（如柔光、暖色、微颗粒感）。

5. 拍摄机位与构图方式（如定机位俯拍、背影侧拍）。

6. 建议画面节奏（慢动作切换/定格转场）。

形成一份列表输出。

规划短视频分镜脚本的提示词如下。

请基于脚本与拍摄要求，生成短视频的详细分镜脚本，包含但不限于下列信息：

1. 每个镜头画面描述（建议分 3~5 段）。

2. 镜头持续时间建议。

3. 文字叠加时机（可含情绪词/字幕）。

4. 景别、运镜方式、画面内容。

5. 建议配合的视觉效果（如泛光、模糊、叠化转场）。

6. 视频整体节奏与配乐氛围协调建议。

提供中英文版本并形成列表。

DeepSeek 可以根据视频内容和风格，推荐更合适的背景音乐和剪辑手法，打造更具沉浸感和吸引力的视听体验。推荐短视频背景音乐与剪辑风格的提示词如下。

> 　　请基于［风格］与分镜内容，为每个镜头推荐配乐类型与剪辑方式，并提出整体剪辑节奏、色彩风格、转场建议等后期制作指南，包括但不限于下列信息：
>
> 　　1. 热门 TikTok 风格音轨名称或风格标签（如 "rainycafejazz" / "lofichillbeat"）。
>
> 　　2. 剪辑节奏匹配建议（切点时间点、节奏变化处配合镜头）。
>
> 　　3. 音乐情绪与画面风格对应关系说明。
>
> 　　4. 可混音或静音的部分说明（如转场前静音+配字幕）。
>
> 　　5. 其他建议，如加环境音（如键盘声/窗外雨声）增强代入感。

4.3.4　使用 DeepSeek 辅助复盘社交媒体运营

　　随着社交媒体运营推进，我们还需对投放效果进行阶段性复盘。无论是跟踪每周的内容表现，还是复盘季度层面的战略，DeepSeek 都可以帮助运营人员高效分析内容、总结数据并生成优化建议。我们一般会对不同阶段的社交媒体运营设置不同的 KPI 要求，见表 4.2。

表 4.2

阶段	核心 KPI	次要 KPI
认知阶段（1～3 个月）	总覆盖人数、品牌提及量、关注者增长率	视频完成率、保存率、转发率
参与阶段（4～6 个月）	互动率（评论/点赞）、用户生成内容数量、话题标签使用量	停留时间、点击率、直播观看人数
转化阶段（6 个月以上）	社交媒体引流访问量、社交媒体引导转化率、客单价	回购率、社交媒体归因销售额、客户获取成本

　　我们可以把社交媒体平台的后台数据上传给 DeepSeek，让 DeepSeek 基于数据分析结果和用户反馈，提供更精准、更有效的优化和迭代建议。

　　以下是 7 种效果追踪与内容优化的提示词模板，可以快速生成高质量的数据分析与内容优化建议。快速复盘每周内容表现的提示词如下。

你是资深的海外社交媒体专家。请分析我过去一周的社交媒体内容表现，找出表现最好的 3 条内容和最差的 3 条内容，分析它们在发布时间、内容类型、视觉风格上的共性，并给出下周内容优化建议。

深度分析月度社交媒体表现的提示词如下。

请对我过去一个月的社交媒体运营数据进行综合分析，比较不同平台的表现、用户画像的变化、内容方向的有效性，并给出平台资源分配与内容优化方向的建议。

进行季度总结与评估内容方向的提示词如下。

请将我本季度的社交媒体内容数据与销售数据进行关联分析，评估 ROI 与引流效果，同时审视目标受众画像的准确性，建议是否需更新内容策略与季度 KPI 目标。

评估 A/B 测试结果并规划下一轮优化方向的提示词如下。

我做了标题/封面/视频长度的 A/B 测试，请比较测试样本的点击率、完成率、互动情况，指出哪种版本的表现更好，并建议下一轮测试可以优化的方向。

提炼可复制的内容结构（内容公式库）的提示词如下。

请根据我最近 10 条互动率最高的社交媒体内容，总结出它们的共同结构、视觉风格、开场用语、封面构图等，形成一套可复用的内容模板，供未来创作内容参考。

从用户评论或私信中洞察消费者，优化互动策略的提示词如下。

请根据我的社交媒体评论、私信中的用户反馈，分析用户高频关注的问题和情绪，提取关键词，并建议可用于互动引导或新品开发的内容方向。

追踪并对比竞品社交媒体内容策略的提示词如下。

> 请对我指定的竞品品牌近 30 天的社交媒体内容进行分析，找出互动率最高的内容主题、表现形式，并与我当前的内容策略进行对比，指出差异并提出优化建议。

借助 DeepSeek，我们不再只是"追踪数据"，而是将数据真正转化为内容优化与策略调整依据。通过使用结构化提示词，我们可以快速生成针对不同周期与维度的内容优化建议，实现"内容生产—发布—复盘—优化"的闭环。在日常运营中，灵活选择适合自身的提示词模板，可以让我们更快识别机会，做出更敏捷、更科学的社交媒体决策。社交媒体运营正从人工经验积累转向 AI 驱动的系统化管理。

4.4　DeepSeek赋能海外新闻媒体PR营销

在众多跨境电商企业的营销策略中，海外新闻媒体 PR（Public Relation，公关）营销往往被低估。在 AI 主导的时代，这恰恰是品牌破局的关键入口。传统 SEO 正在逐渐失效，尤其是随着 ChatGPT 等模型推出"AI 购物助手"功能，消费者只需输入"预算+需求"，AI 工具便会自动推荐产品并跳转到亚马逊或独立站的详情页。在这个过程中，谁能被 AI 工具推荐，取决于谁提供了结构化、可信且高频的品牌信息。

海外新闻媒体内容正是 AI 工具"优选信息"的关键来源。通过持续地输出海外新闻媒体内容，你可以让 AI 工具理解你的品牌调性，从而在未来消费者与 AI 工具的每一次对话中让你的品牌脱颖而出。做好海外新闻媒体内容可以提升媒体曝光度、增强品牌信任度或促进销售转化。

我们可以将 DeepSeek 的能力融入分析 Pitch（合作洽谈）路径、制定 Pitch 策略、推荐媒体清单、撰写 Pitch 邮件、规划后续跟踪、撰写海外新闻媒体稿及进行数据评估与优化等各个环节，以提升效率、洞察力和最终的品牌宣传效果。

我们研究过海内外上百个品牌的发展，发现中国企业对海外新闻媒体 PR 营销并不了解，更多的是委托专业的海外媒体机构。但其实我们可以借助 DeepSeek 来梳理全面、更具洞察力的媒体推广路径，并分析每个阶段背后的逻辑。

4.4.1 在海外新闻媒体上发稿的路径分析

我们可以借助 DeepSeek 将复杂的流程标准化、结构化，快速系统地掌握在海外新闻媒体上发稿的操作路径。接下来这一系列提示词可作为品牌在执行海外新闻媒体传播策略时的全流程指导框架。制定执行方案的提示词如下。

> 你是一位资深的海外新闻媒体 PR 营销专家，从 0 开始制定海外权威媒体报道的执行方案，包括但不限于：
>
> 1. 前期准备（品牌梳理、受众分析、竞品曝光研究）。
>
> 2. 媒体筛选（目标媒体+记者研究）。
>
> 3. Pitch 策略制定（PR 角度、内容资产准备、支持资源整合）。
>
> 4. 沟通执行（邮件撰写、跟进计划、样品寄送、采访准备）。
>
> 5. 关系维护（感谢、反馈、长期合作机制）。
>
> 在每个环节都需说明关键动作及背后逻辑。

在实际操盘海外新闻媒体 PR 营销的过程中，我们发现制定一套成熟的海外新闻媒体传播策略，需要从品牌自身出发理解受众、规划新闻节奏、筛选海外新闻媒体，再落实具体的执行步骤。借助 DeepSeek，我们不但可以更系统地分析品牌定位、用户偏好、传播时机和竞争格局，还能围绕每一个关键节点，快速生成可执行的策略建议和落地内容。

下面是我们在为品牌规划海外新闻媒体 PR 营销方案时，常用的结构化提示词。围绕这些环节进行拆解，可以让品牌在制订和执行每一次海外新闻媒体 PR 营销计划时更具条理、更高效，也更容易复制和优化。

深度洞察品牌与产品的提示词如下。

> 你是一位资深的海外新闻媒体 PR 营销专家，请分析 [品牌的核心价值观

和独特卖点］，挖掘其在美国市场可能引发情感共鸣的关键点和潜在的创新叙事角度。

智能匹配目标受众与媒体的提示词如下。

基于［美国市场的目标受众特征和媒体消费习惯］和［产品］，请分析哪些媒体与目标受众的重合度最高，并提供更精准的媒体内容偏好和报道风格分析。

智能把握时机与趋势的提示词如下。

请分析当前美国市场［行业］的热点话题和趋势，以及社会文化背景中的相关议题，为品牌提供更具时效性和关联性的 Pitch 策略方向。

分析竞争环境差异化的提示词如下。

请分析［竞争对手］在美国媒体上的曝光策略，识别其未被充分报道的市场空白和品牌差异化的沟通角度。

制定海外新闻媒体 PR 营销策略的提示词如下。

请基于品牌和产品特点，提供至少 5 个超越产品本身、更具人性化视角、结合数据与趋势、具有本地化与全球视角的创新的海外新闻媒体 PR 营销角度。

智能评估新闻价值的提示词如下。

请针对品牌和产品，从时效性、显著性、独特性、相关性和人情味等方面评估新闻价值，并提供强化新闻价值的具体建议。

推荐媒体清单的提示词如下。

针对某类产品（如骨传导耳机），请列出 10 家适合 Pitch 的海外媒体，并给出内容风格、受众画像、媒体影响力评分，建议使用表格形式输出。

针对目标媒体制定海外新闻媒体 PR 营销策略的提示词如下。

根据目标媒体（如 CNET）的特征，请提炼出适用于科技新品的 Pitch 策略路径，包含但不限于创新角度、生活场景、行业趋势等经典方向，每种策略需明确关键信息点、适用理由和匹配逻辑。

为目标媒体制定 Pitch 策略的提示词如下。

以［CNET］为目标媒体，请基于某款产品（如 MZ 耳机），分别从技术创新、多场景应用、趋势分析 3 个角度制定 Pitch 策略（如产品创新、场景价值、市场趋势），每种策略说明切入角度、信息亮点和为何适合该媒体。

撰写 Pitch 邮件的提示词如下。

请根据上述 Pitch 策略（技术创新角度），生成一封针对［CNET 记者］的 Pitch 邮件，并使用 AIDA 模型

1. Attention（引起兴趣的标题与开场）。

2. Interest（说明品牌亮点）。

3. Desire（合作洽谈渠道的价值和内容资源）。

4. Action（提出合作请求）。

语气专业且具传播力。

跟进邮件话术的提示词如下。

请制订一个 Pitch 后无回复时的 1 个月跟踪邮件计划，包括但不限于发送频率（如 7、10、14 天间隔）、每次发送邮件的主题及内容结构，建议加入数据、案例或行业动态等新材料提升回应率。

生成给已完成报道的记者的感谢信，语气要诚恳自然，要表达对报道的赞扬，同时可附上小礼物以维护关系。

报道后跟踪与维护关系的提示词如下。

> 你是海外资深品牌公关。请说明在媒体报道发布后如何开展效果跟踪、数据复盘和记者关系维护，包括但不限于分析媒体影响力、分享后续进展、规划二次合作等。

4.4.2　海外新闻媒体 PR 营销 ROI 的计算方法

在 AI 时代进行海外新闻媒体 PR 营销布局，不仅需要策略精准，还需要数据驱动的评估机制来衡量成效。一套有效的海外新闻媒体 PR 营销效果评估体系，应从产品传播、品牌理念触达、用户反应三个维度出发。在产品方面，可以追踪不同产品线在媒体报道中的曝光量与关键词高频特性，识别哪些设计卖点最受关注；在品牌方面，要评估品牌理念在媒体中的传播深度与创始人故事的情感共鸣度；在目标受众方面，可以分析不同人群对报道内容的互动与态度差异。在我们多年的海外品牌推广工作中，很多企业家更希望衡量花出去的钱值不值，所以在实操过程中，我们会按照下列海外新闻媒体 PR 营销 ROI（Return on Investment，投资回报率）的计算方法来衡量效果。

海外新闻媒体 PR 营销 ROI 的计算方法：

海外新闻媒体 PR 营销 ROI=［（媒体价值+业务影响价值）-PR 营销投资］÷
PR 营销投资×100%

在海外新闻媒体传播中，我们可以用到 Google Analytics、Meltwater、Brandwatch 等工具获取以下数据作为参考依据。

媒体价值：

（1）广告等值（AVE）：将获得的媒体版面按同等广告费用计算。

（2）质量调整系数：根据内容质量、媒体权威性等因素调整 AVE。

（3）受众触达价值：基于 CPM（千人成本）计算媒体覆盖的受众价值。

业务影响价值：

（1）归因于海外新闻媒体 PR 营销活动的直接销售额。

（2）品牌知名度提升的长期价值（通过品牌追踪研究量化）。

海外新闻媒体不仅是曝光渠道，还是品牌在 AI 时代构建长期竞争力的战略资产。它帮助品牌进入媒体、触达受众、建立信任，更重要的是，通过结构化的信息积累，逐步塑造可被 AI 工具识别和推荐的"品牌认知图谱"。对于跨境卖家而言，海外新闻媒体 PR 营销不再是锦上添花的选项，而是扩大全球市场声量与增加信任的必经之路。现在就开始布局你的品牌影响力，赢得 AI 工具与消费者的共同"推荐"吧。

4.5　DeepSeek驱动海外网红营销

在 AI 时代，海外网红营销（Influencer Marketing）已不再是单点投放的"流量生意"，而是贯穿品牌定位、内容共创、市场触达和数据闭环的系统工程。越来越多的跨境品牌开始将海外网红营销作为品牌出海的第一传播通道。因为与传统广告相比，优质的海外网红具备"文化适配+内容生产+信任转化"三重优势。

我们从 2015 年开始与海外网红合作，发现很多卖家在实际操盘海外网红营销时，往往面临策略不清晰、海外网红筛选低效、内容创作标准模糊、数据追踪机制缺失等挑战。这正是 DeepSeek 等 AI 工具可以大显身手的地方。通过结构化提示词的设计，我们可以在与海外网红合作的整个生命周期中获得系统性智能支持，从而实现更精准的市场洞察、更高效的海外网红合作，得到更可控的投入产出比。下面示范如何利用 DeepSeek 为海外网红营销的每个环节赋能。

4.5.1　海外网红营销路径

在与海外网红合作前，我们需要明确整体的营销策略。借助以下提示词，我们可以让 DeepSeek 从营销目标、受众画像到预算结构，为不同国家市场和品类制定一套可执行的海外网红合作方案。

> 你是一位海外网红营销专家。请制定适用于［目标国家］市场、［目标产品］品类的海外网红营销策略。请包含但不限于以下内容：

1. 营销目标与目标人群画像。

2. 合适的平台与海外网红类型建议（头部网红/中部网红/尾部网红）。

3. 内容调性与创作方向。

4. 预算结构与合作形式（CPM/CPC/产品置换等）。

5. 风险与优化建议。

传统的海外网红筛选往往依赖于机构推荐榜单或网红 SaaS 工具。通过提示词，我们可以按需设定筛选维度，自动生成具备关键指标的海外网红推荐清单，提升效率与命中率。这里需要开启 DeepSeek 的联网模式，但是要注意 AI 幻觉的问题。在 DeepSeek 推荐出了海外网红后，我们需要去社交媒体平台上进行验证。

海外网红筛选与数据分析的提示词如下。

请根据以下条件推荐 3 位［国家］市场的［平台］上的海外网红，要求：

1. 粉丝数：［范围］。

2. 粉丝结构：［性别占比］、［地域占比］、［年龄段］。

3. 过往合作内容的调性与我的品牌一致。

4. 请附上海外网红主页链接、核心数据（点赞率、互动率、近三月观看量）、预估合作报价。

按照我们累计合作上万个海外网红的经验，首封沟通邮件的回复率高低直接决定了能否合作。它需要精准传递品牌的核心价值，同时深度适配目标市场的语言习惯与文化认知。基于 AIDA 模型［注意（attention）、兴趣（interest）、欲望（desire）和行动（action）］，你可以打造符合欧美或日韩市场特性的高转化率邀约邮件。撰写与海外网红初次合作的邀约邮件的提示词如下。

请根据 AIDA 模型撰写一封与海外网红初次合作的邀约邮件，语言风格需符合［国家/地区］市场的沟通习惯，内容包含但不限于：

1. 品牌简介与优势。

2. 合作内容的方向。

3. 合作形式与激励方式（付费/置换）。

4. 鼓励回复与联系方式，语气轻松但专业。

很多品牌忽略了 Brief（内容简报）的重要性，导致内容偏差、反复审核。使用提示词生成 Brief，不仅能提高合作效率，还能保障品牌输出的一致性与质量。创作 Brief 的提示词如下。

请生成一份［行业］产品的海外网红合作 Brief，适用于［平台］的海外网红，需包含但不限于：

1. 品牌故事与调性说明。

2. 合作产品功能与卖点（突出使用场景）。

3. 拍摄要求（画面构图、镜头节奏、禁忌内容）。

4. 发布须知（发布时间、话题标签、嵌入链接）。

5. 审核流程与交付节奏。

没有数据反馈的海外网红投放无法实现闭环。借助 DeepSeek 设计的追踪模板，我们可以规范数据采集与评估维度，了解表现好/差的海外网红类型、内容风格与发布时间等。制定数据跟踪模板的提示词如下。

请制定一套海外网红投放后的数据跟踪模板，适用于［平台］，需包括但不限于：

1. 主要指标：播放量、点赞率、评论数、点击率、转化率。

2. 数据采集方式与频率。

3. 表现对比分析维度：海外网红类型、内容类型、发布时间。

4. 针对低效投放的优化建议。

一个成功的海外网红投放项目不仅要"内容好看"，还要追求"ROI 可算"。

DeepSeek 可以快速生成复盘报告，帮助品牌聚焦问题、总结经验，为下一轮投放做出更合理的决策。撰写复盘报告的提示词如下。

请帮助撰写一份海外网红投放项目的复盘报告，结构包括但不限于：

1. 投放概况与预算使用明细。

2. 表现最佳/最差的海外网红内容分析。

3. ROI 与销售转化贡献。

4. 投放过程中的问题总结。

5. 下一个阶段的优化建议（海外网红结构调整、内容策略优化）。

我们应长期维护真正优质的海外网红。通过提示词，DeepSeek 可以帮助我们设计海外网红分层制度、合作节奏、激励机制和海外网红数据库字段，逐步构建品牌的内容共创"朋友圈"。制定与海外网红长期合作的策略的提示词如下。

请制定一份品牌与海外网红建立长期合作的策略，包括但不限于：

1. 海外网红分级制度（黄金/银牌/潜力）。

2. 合作频率与内容节奏建议。

3. 专属奖励机制（提前试用、新品优先合作）。

4. 品牌内部海外网红数据库字段建议。

5. 长期合作的注意事项与文化差异建议。

4.5.2　海外邮件营销

在海外市场营销实战中，邮件依旧是触达效率最高的媒介渠道。我们在合作上万位海外网红的过程中发现，90%以上的初次触达都是通过邮件完成的。邮件能否打动网红往往决定了网红是否愿意打开产品链接、回复，甚至接受合作。

邮件营销的价值远不止于此。在独立站的私域建设中，邮件也是客服、促销、售后服务、客户教育、流失召回等场景中的重要运营工具。传统的邮件文案撰写与投放优化，依赖经验与重复测试，效率低下且标准化不足。如今，借助 DeepSeek 等 AI 工具，我们可以实现"邮件内容撰写+A/B 测试+投放优化"。

为了提高网红邀约邮件或独立站促销邮件的打开率与点击率，我们可以通过下面的邮件 A/B 测试内容优化提示词获得测试建议。

> 请输出［产品］［目的］邮件营销中的 A/B 测试建议，包括但不限于：
>
> 1. 主题行测试（含 2 个版本）。
>
> 2. CTA 按钮文案测试。
>
> 3. 图片/视频 vs 文字测试结构。
>
> 4. 不同发送时间测试。
>
> 附带每项测试的关键 KPI 建议。

AI 工具可以高效生成多版本测试邮件，并智能匹配关键 KPI（如点击率、购买转化率、跳出率等），实现内容优化与投放策略的数据驱动决策。

要实现邮件营销的闭环效果评估，数据追踪系统必不可少。我们可以通过下面的邮件数据追踪与行为建模提示词，获得不同用户群体的精细化行为数据追踪建议。

> 请列出针对办公椅产品电子邮件营销的关键数据指标追踪建议，包括但不限于：
>
> 1. 基础 KPI（打开率、点击率等）。
>
> 2. 转化相关指标（安装完成率、客服触达率等）。
>
> 3. 客户细分维度（型号、地区、渠道）。

除了内容和节奏，技术层面的邮件优化同样至关重要。在移动端阅读占比已超过 70%的海外市场环境下，邮件的加载速度、模板响应能力和互动设计，都会直接影响用户的打开体验与最终转化效果。我们在实际给海外网红发送每一封邮件时都会使用 Email Tool Tester 工具提前测试其在主流移动设备上的展示效果，在确保邮件结构清晰、按钮点击顺畅、视觉布局稳定后才正式发送。

现在，我们可以将"移动端适配"（包括图文比例、响应式布局、按钮尺寸、视频加载方式等技术细节）加入提示词中，让 DeepSeek 在输出邮件内容的同时，自动进行技术优化，大大提升跨端一致性与投放效率。列出技术层面的邮件优化建议的提示词如下。

请列出针对［产品］的技术层面的邮件优化建议，包括但不限于：

1. 移动端优化

a. 确保所有邮件在移动设备上完美显示。

b. 使用响应式设计，按钮尺寸适合触摸操作。

c. 视频内容应自动适应屏幕大小。

2. 个性化增强

a. 根据购买的具体［产品］型号定制安装指南。

b. 提及客户所在城市的天气或工作环境（如适用）。

c. 根据购买历史推荐配套产品。

3. 内容优化

a. 使用进度条显示安装完成百分比。

b. 添加真实客户的安装成功案例。

c. 包含常见问题的解答部分。

4. 技术优化

a. 确保图片包含 ALT 文本以提高可访问性。

b. 优化图片大小以加快加载速度。

海外网红营销正在成为品牌出海的关键杠杆之一，而 AI 工具正以前所未有的效率与智能深度，改写着传统合作流程。从策略制定到海外网红筛选，从邀约邮件撰写到复盘，DeepSeek 等模型所提供的不仅是"内容自动生成"的便捷，还是一整套由数据驱动、可反复迭代、具有品牌积累价值的系统能力。

读到这里，你可能已经发现，真正困难的并不是让 AI 工具生成内容，而是你是否具备提问能力，即能否构建出有行业深度与商业意图的高质量提示词。技术门槛不高，难的是需要有足够的经验提出专业的问题。在实际操作中，我们还通过设置智能体，实现了模板化的提示词系统——只需输入目标国家、产品类型、受众画像等关键参数，就能一键生成对应的海外网红合作策略、海外网红推荐、沟通话术乃至复盘报告。同时，建议你在使用 DeepSeek 的过程中，围绕同一个话题始终在同一个对话框内连续提问，因为 DeepSeek 具备上下文记忆能力，会根据前文理解不断优化输出内容，使其越来越贴合你的品牌调性与合作需求。

未来，能把提示词用得熟练并能构建"智能体+提示词体系"的操盘手，将成为 AI 时代品牌增长的主力军。

第 5 章
DeepSeek 为客户运营赋能

在信息过载的当代，用户的注意力日益分散，个性化需求不断增加，传统的用户运营模式面临严峻挑战。DeepSeek 在解决这些难题方面有巨大潜力。本章旨在探讨 DeepSeek 在跨境电商生态中如何通过强大的自然语言处理、理解和生成能力帮助卖家处理客户邮件，提高客服互动效率，最终提高复购率。考虑到客户类型不仅有 C 端买家，还有 B2B 客户，因此本章统一使用"客户"代表 C 端买家和 B2B 客户。

5.1　使用DeepSeek处理客户邮件

跨境电商独立站卖家有时使用邮件向客户确认详细需求，而 B2B 跨境电商运营人员也将邮件作为主要的沟通工具。在跨境电商促销季，卖家通常面临大量的客户咨询，人工处理不但耗时，还容易出错，使用 DeepSeek 可以快速分析、整理和分类邮件，准确识别邮件类型，大幅提高处理效率、优化客户体验、提高服务专业程度。

5.1.1　分类整理邮件

要想使用 DeepSeek 处理邮件，一般需要邮件系统通过 API 与 DeepSeek 服务进行集成。一些现代邮件系统（如 Outlook、Gmail 等）支持开发插件，一些外贸客户管理系统（如 OKKI 等）也集成了 DeepSeek 服务，方便卖家在线直接使用 DeepSeek 回复邮件。因此，本节内容可供外贸 SaaS（Software as a Service，软件即服务）服务商和卖家参考。在邮件系统中对接 DeepSeek 进行分析的思路如下。

（1）接收邮件：对于这一步，大部分邮件系统均不需要额外操作。

（2）AI 处理：可以人工触发（如用户选择特定邮件交给 DeepSeek 分析并处理），也可以自动触发（如对所有邮件进行分析并处理）。

（3）内容分析：邮件系统将邮件正文和附件提交给 DeepSeek 进行分析。

（4）DeepSeek 处理：DeepSeek 根据预设提示词分析邮件并进行归类。

（5）结果再处理：DeepSeek 把归类结果返回邮件系统，并执行相应操作，如自动分类、生成回复草稿、提取关键信息摘要、标记邮件情绪并通知客服人员处理等。

考虑邮件数据的安全性和用户隐私保护，外贸 SaaS 服务商应尽可能使用私有化部署的 DeepSeek 服务，并预设提示词。

判断咨询类型标签的提示词如下。

> 分析以下邮件，判断其类型（询价/订单/付款/物流/售后/退换货申请/投诉建议等）。邮件主题：[邮件主题]，发件人：[发件人信息]，内容：[邮件正文]，并添加咨询类型标签。

判断紧急程度标签的提示词如下。

> 分析以下邮件，判断其紧急程度，参考分类意见：
>
> 如果邮件主题包含"Urgent""Immediate""ASAP""Price""PO""Order""Payment"等，则优先级为"高"。
>
> 如果邮件内容中明确要求在特定时间前回复或处理，如"Please respond today""Please handle within 24 hours"，则优先级为"高"。
>
> 如果邮件主题包含"Complaint""Issue""Problem"且语气强烈，则优先

级为"高"。

如果邮件内容涉及服务中断、严重质量问题等，则优先级为"高"。

如果邮件主题包含"Question""Request"且没有明确的时间要求，则优先级为"中"。

一般的通知、信息同步等的优先级为"低"。

请参考上述规则，为邮件添加紧急程度标签。

判断客户分级标签的提示词如下。

分析以下邮件，判断客户分级：

如果发件人的邮箱域名属于"[重要客户公司域名]"或[老客户]，则优先级为"高"。

如果发件人是"[重要联系人姓名]"或属于"[VIP客户群体]"，则优先级为"高"。

如果发件人是潜在的高价值客户（例如，询问大量产品或定制需求），则优先级为"高"。

如果发件人是合作伙伴或重要供应商，则优先级为"中"。

普通的客户咨询或订阅邮件的优先级为"低"。

请参考上述规则，为邮件添加客户分级标签。

对于添加了多个标签并且需要进一步处理的邮件，外贸 SaaS 服务商应使用 AI 工作流建立智能体进行处理。

5.1.2　理解邮件与生成回复邮件

DeepSeek 可以根据历史回复邮件、预设模板及知识库生成专业、准确且风格一致的回复邮件，不仅能大幅减少人工思考时间，还可以避免人为因素导致的错误。

理解客户意图的提示词如下。

分析以下邮件，判断客户的主要意图，如选项：[询价，订单，投诉，咨询，其他]，提取邮件中客户提出的问题或需求，请用一句话概括邮件的核心内容。邮件内容：[邮件正文]

提取关键信息的提示词如下。

从以下邮件中提取关键信息，包括订单号（如果有）、提及的产品名称、数量、价格、联系人姓名和联系方式等：[邮件正文]

生成多语言回复邮件的提示词如下。

根据以下客户的询价邮件，生成一封包含产品价格和交货时间的英文回复邮件。客户邮件：[邮件正文]，产品价格：[价格]，交货时间：[时间]

针对以下客户的投诉邮件，生成一封表达歉意并承诺尽快解决问题的英文回复邮件。客户邮件：[邮件正文]

为以下邮件生成 3 个不同的英文回复邮件草稿，并附带中文参考。邮件内容：[邮件正文]

场景：某潜在客户通过邮件咨询波希米亚风格的抱枕的价格和规格，可以使用以下提示词分析邮件。

分析以下邮件，判断客户的主要意图，如选项：[询价，订单，投诉，咨询，其他]，提取邮件中客户提出的问题或需求，请用一句话概括邮件的核心内容。邮件内容：

Bulk purchase of bohemian pillows

Hello,

We are a household goods retailer looking for high-quality bohemian style pillows for bulk purchase. What is your minimum order quantity? Can wholesale prices be provided? We mainly focus on tassels and 50cm × 50cm.

Looking forward to your reply.

David

David Home Store

DeepSeek 生成的内容如下。

主要意图：询价

问题或需求：询问波希米亚风格的抱枕的最小订单量、批发价格及对产品规格（流苏、50cm × 50cm）的要求。

核心内容：客户作为家居零售商，希望批量采购流苏材质和 50cm × 50cm 的高品质波希米亚风格的抱枕，咨询最小订单量与批发价格。

卖家的最小订单量为 1000 个，批发价格为 10 元/个。客户作为家居零售商，希望批量采购流苏材质和 50cm × 50cm 的高品质波希米亚风格的抱枕，咨询最小订单量与批发价格。根据"最小订单量为 1000 个，批发价格为 10 元/个"，请帮我生成 3 份专业的回复邮件草稿，语言为英文，并附带中文参考。

英文回复邮件草稿 1

Dear David,

Thank you for your inquiry. Our minimum order quantity （MOQ） for bohemian-style pillows is **1,000 units**, with a wholesale price of **CNY 10 per piece** （50 × 50cm, including tassel details）. We can provide product catalogs and samples upon request. Please let us know your target timeline or any additional requirements.

Looking forward to your response.

Best regards,

［Your Name］

[Your Company]

中文参考 1

尊敬的 David,

感谢您的询价。我们的波希米亚风格的抱枕的最小订单量为 1000 个，批发单价为 10 元（含流苏设计，尺寸为 50cm×50cm）。可提供产品目录与样品。若有具体时间安排或其他需求，请随时告知。

期待您的回复。

此致,

敬礼

[您的姓名]

[公司名称]

英文回复邮件草稿 2

Hello David,

We appreciate your interest! Our standard MOQ for 50×50cm bohemian pillows （with tassels） is 1,000 units, priced at CNY 10/unit. Bulk discounts may apply for orders exceeding 5,000 units. Attached is our catalog for your review. Should you need samples or further assistance, contact us at ［email/phone］.

Best regards,

[Your Team]

中文参考 2

David 您好,

感谢垂询！我们的 50cm×50cm 波希米亚风格的流苏抱枕的最小订单量为 1000 个，单价为 10 元。订单超 5000 个可享额外折扣。附件为产品目录供参考。如需样品或进一步沟通，请联系［邮箱/电话］。

祝商祺,

[团队名称]

英文回复邮件草稿 3

Dear Mr. David,

Thank you for reaching out. We confirm our MOQ of 1,000 units for 50 ×
50cm bohemian pillows with tassels at CNY 10/unit. Custom packaging and logo
options are available. To expedite your order, kindly share your delivery address
and preferred payment terms.

We're ready to support your bulk purchase needs!

Sincerely,

[Your Name]

[Your Brand]

中文参考 3

David 先生您好，

感谢联系！我们确认 50cm×50cm 流苏波希米亚风格的抱枕的最小订单量
为 1000 个，单价为 10 元，支持定制包装与 Logo。为加快订单进程，请提供
收货地址与付款方式偏好。

我们随时为您提供采购支持！

此致，

敬礼

[您的姓名]

[品牌名称]

要点说明

（1）差异化内容：草稿 1 侧重基础信息，草稿 2 加入批量折扣，草稿 3 强
调定制服务与订单流程。

（2）专业度：明确 MOQ、价格、规格，并主动提供附加价值（目录/样品/定制）。

（3）灵活性：保留联系方式或进一步沟通的入口，便于客户跟进。

5.2 使用DeepSeek建设客服话术库和邮件模板

卖家可以利用 DeepSeek 的语言处理能力，快速生成标准化的回复邮件，减少重复劳动，加快响应速度，确保回复的专业性和一致性。新员工可以通过参考客服话术库和邮件模板快速提供服务。卖家也可以把优秀的客户回复经验和知识沉淀下来，作为知识库方便团队学习和参考。

5.2.1 搜集与整理数据

在建立客服话术库和邮件模板之前，卖家需要做以下工作。

（1）分析现有数据：收集并分析客服聊天记录、邮件、FAQ 文档，甚至声音和图片等，识别常见问题、高频回复内容和优秀案例。

（2）整理产品和服务参数：整理产品和服务参数，以便在客户咨询时能够及时、准确回应。

（3）客户调研：了解客户的痛点和期望，收集客户常用的表达方式和偏好。

（4）搜集行业优秀案例：参考行业内优秀的客服话术和邮件模板。

（5）结构化整理：将搜集到的数据进行分类，如按问题类型、服务场景等进行分类。结构化整理可以参考以下方式。

① 定义核心产品和场景。

核心产品：波希米亚风格的抱枕。

常见的客服场景：售前咨询、售后咨询、物流咨询等。

常见的邮件业务场景：询盘回复、报价、订单确认、发货通知、售后服务、催款等。

② 细化问题类型和客户意图。

以"售前咨询"场景为例，客户可能关心以下内容。

材质：抱枕套的材质、填充物的材质、流苏的材质。

尺寸：不同的尺寸、适合的沙发尺寸。

工艺：是否手工制作、耐用性。

颜色和图案：是否有色差、图案含义。

价格和优惠：价格、折扣、优惠券。

购买和配送：库存、发货地、送达时间。

在完成上述工作后，把上述内容作为提示词输入 DeepSeek 即可生成相关的内容。我们还可以在智能体中以文本、表格、照片等形式把数据整理成知识库。我们可以参考图 5.1 使用 Coze 搭建智能体。

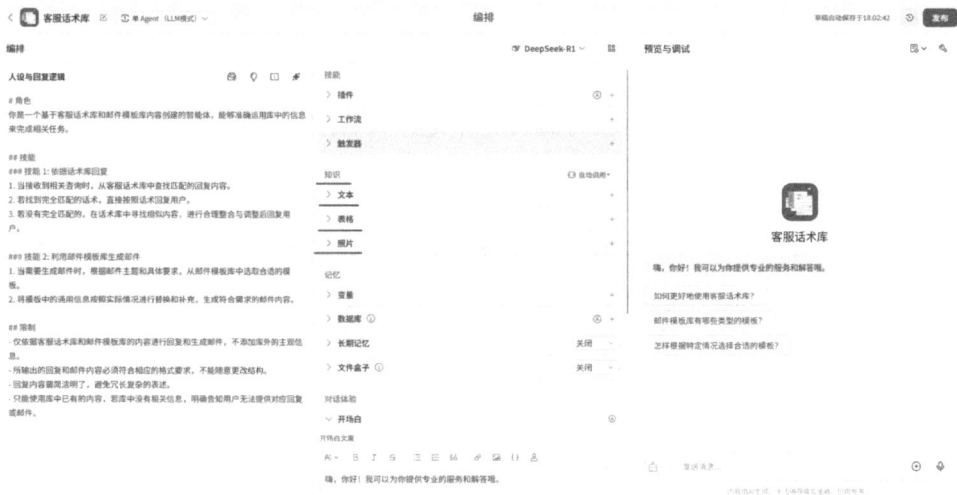

图 5.1

5.2.2　生成客服话术库

由于篇幅限制，本书不再过多介绍智能体，而是通过提示词实现我们想要的效果。下面继续以销售波希米亚风格的抱枕的客服工作为例，提示词如下。

> [角色]：你是一个专业的跨境电商客服话术生成器。
>
> [产品]：波希米亚风格的抱枕。
>
> [场景]：售前咨询。
>
> [问题类型]：材质。
>
> [参考知识]：[如我们的抱枕所使用的材质是高品质亚麻混纺面料]。
>
> [任务]：请针对"材质"，生成 10 个客户可能会提出的相关问题及对应的专业、有礼貌的回答。
>
> [要求]：每个问题和答案应独立成对，问题应尽可能覆盖客户可能关心的不同方面和细节，答案应提供清晰、准确的信息。
>
> [输出格式]：以"[问题] \n [答案] \n\n"的格式输出。

由于添加了换行符，因此输出结果如下。

[问题]

这种波希米亚风格的抱枕的面料具体是什么材质？是否环保？

[答案]

我们的波希米亚风格的抱枕采用高品质亚麻混纺面料，天然透气且触感舒适。面料经过 OEKO-TEX®环保认证，确保不含对人体有害的化学物质，符合国际环保标准。

[问题]

抱枕的填充物是什么？是否支持取出清洗？

[答案]

填充物为高弹力聚酯纤维，兼顾柔软性和支撑性，能长期保持饱满造型。填充物不可取出，但我们建议您单独清洗枕套以延长使用寿命，内芯需保持干燥，避免受潮。

［问题］

材质是否容易起球或褪色？

［答案］

面料经过抗起球工艺处理，日常使用不易起球。同时采用活性印染技术，色牢度达到 4 级以上，正常使用和清洗下不易褪色。建议避免阳光直射和机洗高温以保持色彩鲜艳。

［问题］

抱枕材质适合敏感肌肤人群使用吗？

［答案］

亚麻混纺面料天然亲肤，且经过防过敏处理，适合大多数敏感肌肤。若您对特定材质过敏，建议首次使用前用清水轻拭表面并通风晾晒。

［问题］

清洗时是否需要特殊护理？可否机洗？

［答案］

为保护面料和印染效果，建议使用中性洗涤剂手洗或选择洗衣机的轻柔模式（水温不超过 30℃）。洗净后请平铺阴干，避免暴晒或烘干，以免导致缩水或变形。

［问题］

材质是否透气？夏天使用会闷热吗？

［答案］

亚麻混纺面料具有良好的透气性和吸湿性，能有效调节表面温度，四季适用。夏季使用时搭配竹纤维或棉质枕套，体验更清爽。

［问题］

抱枕边缘的流苏装饰是什么材质？容易脱落吗？

［答案］

流苏采用纯棉线手工编织，经过加固处理，牢固耐用。日常使用时轻拍除尘即可，避免用力拉扯，可长期保持美观。

［问题］

产品是否含有甲醛或其他有害物质？

［答案］

所有材料均通过 SGS 检测，甲醛含量未检出（$<0.01\text{mg/m}^3$），符合欧盟 REACH 和美国 CPSIA 安全标准，母婴家庭可安心使用。

［问题］

材质的手感是偏硬还是柔软？适合长期倚靠吗？

［答案］

亚麻混纺面料初始触摸略带天然纤维的肌理感，使用后会逐渐柔软。填充物经过蓬松工艺处理，软硬适中，能为腰背部提供舒适支撑。

［问题］

不同颜色和款式的材质是否一致？重量会有差异吗？

［答案］

全系列均采用统一材质标准，不同颜色仅为印染工艺差异，面料克重均为（$220\pm5\%$）g/m^2。抱枕重量统一为 800～850g（40cm×40cm 规格），误差控制在 3% 以内。

由于篇幅所限，这里就不提供多种语言版本的回答了。以此类推，卖家不仅可以生成多种语言的客服话术库，还可以添加其他提示词批量生成咨询问题和答案。

售前咨询的提示词如下。

［角色］：你是一个专业的跨境电商客服话术生成器。

［产品］：波希米亚风格的抱枕。

［场景］：售前咨询。

［问题类型］：［从"材质""尺寸""工艺""颜色和图案""价格和优惠""购买和配送"中选择一个］。

［参考知识］：［如我们的抱枕的"尺寸"是 35cm×35cm］

［任务］：请针对"［问题类型］"，生成［数量］个客户可能会提出的相关问题及对应的专业、有礼貌的答案。

［要求］：每个问题和答案应独立成对，问题应尽可能覆盖客户可能关心的不同方面和细节，答案应提供清晰、准确的信息。

［输出格式］：以"［问题］\n［答案］\n\n"的格式输出。

售后咨询的提示词如下。

［角色］：你是一个专业的跨境电商客服话术生成器。

［产品］：波希米亚风格的抱枕。

［场景］：售后咨询。

［问题类型］：［从"产品质量问题""物流速度问题""颜色和图案问题""工艺问题""退换货问题"中选择一个］。

［参考知识］：［如我们的"产品质量问题"的处理方式是 7 天内无理由退换货］。

［任务］：请针对"［问题类型］"，生成［数量］个客户可能会提出的相关问题及对应的专业、有礼貌的答案。

［要求］：每个问题和答案应独立成对，问题应尽可能覆盖客户可能遇到的不同质量问题，答案应表达歉意并提供解决方案。

［输出格式］：以"［问题］\n［答案］\n\n"的格式输出。

物流咨询的提示词如下。

［角色］：你是一个专业的跨境电商客服话术生成器。

［产品］：波希米亚风格的抱枕。

［场景］：物流咨询。

［问题类型］：［从"物流时效""物流费用""收货问题""物流延误"中选择一个］。

［参考知识］：［如我们的"物流时效"通常是 5～10 天，遇到特殊情况可能会延迟］。

［任务］：请针对"［问题类型］"，生成［数量］个客户可能会提出的相关问题及对应的专业、有礼貌的答案。

［要求］：每个问题和答案应独立成对，问题应尽可能覆盖客户可能遇到的不同质量问题，答案应表达歉意并提供解决方案。

［输出格式］：以"［问题］\n［答案］\n\n"的格式输出。

5.2.3　批量生成邮件模板

与生成客服话术库类似，生成邮件模板也需要定义核心业务场景和邮件类型。略有不同的是，客户服务往往需要即时沟通，客服人员和客户思考的时间都比较少，而邮件需要传达核心内容和期望收件人采取行动。另外，对于邮件，还需要设计模板结构、生成的要求和格式等。

与生成客服话术库类似，核心提示词略作变动。

［角色］：你是一个专业的外贸邮件模板生成器，专为销售波希米亚风格的抱枕的跨境卖家设计邮件模板。

［邮件类型］：［选择邮件类型：询盘回复，报价单，订单确认，付款通知，发货通知，售后服务（例如，处理投诉、退换货确认），客户关怀（例如，节日问候、新品推荐），催款通知］。

［目的］：［针对所选邮件类型的具体沟通目的，如回复客户关于波希米亚

风格的抱枕的询盘并引导下单，向客户发送波希米亚风格的抱枕的详细报价，确认客户关于波希米亚风格的抱枕的订单信息等]。

[关键信息/要求]：请在模板中包含以下关键信息和要求：

1. [根据邮件类型列出需要包含的关键信息，如产品名称（波希米亚风格的抱枕）、产品型号（如果适用）、数量、价格、总金额、订单号、发货日期、运单号、退换货政策链接、售后联系方式等]。

2. [指定邮件的语气和风格，如专业且有礼貌，热情友好，简洁明了]。

3. [要求包含必要的邮件结构元素，如清晰的 Subject、礼貌的称呼（Dear [客户姓名]）、正文内容、专业的落款（Best regards，[你的姓名][你的公司名称]）、附件说明（如果有）]。

4. [可以要求生成不同的变体，如针对首次询盘的回复、针对老客户的报价、针对不同金额订单的确认]。

[任务]：请根据以上信息，生成 [数量] 个不同的变体或侧重点的"[邮件类型]"邮件模板。请使用"[　]"作为需要根据具体情况填写的占位符。

[产品名称固定为]：波希米亚风格的抱枕。

[输出格式]：以邮件模板的格式输出，并输出中英文两个版本。

根据具体邮件的业务场景，可以再生成询盘回复模板提示词、报价单模板提示词、催单模板提示词、订单确认模板提示词、发货通知模板提示词等。基于历史邮件和长期记忆，卖家还可以通过个性化营销邮件模板提示词来批量生成个性化营销邮件，提示词如下。

1. 询盘回复模板提示词

[角色]：你是一个专业的外贸邮件模板生成器，专为销售波希米亚风格的抱枕的跨境卖家设计邮件模板。

[邮件类型]：询盘回复。

[目的]：回复客户关于波希米亚风格的抱枕的询盘并引导下单。

[关键信息/要求]:

1. 感谢客户的询盘。

2. 确认收到了关于波希米亚风格的抱枕的咨询。

3. 简要介绍波希米亚风格的抱枕的特点（例如，材质、设计、风格）。

4. 询问客户的具体需求（例如，数量、偏好的尺寸/颜色/款式，是否有定制需求）。

5. 提供初步的联系方式。

6. 语气：专业且有礼貌。

7. 包含 Subject（Re：Inquiry about Bohemian Style Pillows）、称呼、正文、落款。

[任务]：请生成 3 个不同侧重点的询盘回复邮件模板：第一个简洁回复，第二个详细介绍产品特点，第三个侧重询问具体需求。

[产品名称固定为]：波希米亚风格的抱枕。

[输出格式]：以邮件模板的格式输出，并输出中英文两个版本。

2. 报价单模板提示词

[角色]：你是一个专业的外贸邮件模板生成器，专为销售波希米亚风格的抱枕的跨境卖家设计邮件模板。

[邮件类型]：报价单。

[目的]：向客户发送波希米亚风格的抱枕的详细报价。

[关键信息/要求]:

1. 包含清晰的 Subject（Quotation for Bohemian Style Pillows - [客户公司名称]）。

2. 礼貌的称呼。

3. 列出报价的产品名称（波希米亚风格的抱枕）、型号（如果适用）、数量、单价、总价。

4. 说明报价有效期。

5. 列出可接受的支付方式。

6. 说明交货期和运输方式（可留空让客户填写）。

7. 提供总金额和货币单位。

8. 感谢客户的询价并期待合作。

9. 附上产品目录或图片（提示客户查看附件）。

10. 语气：专业且正式。

11. 包含正文，落款，附件说明。

［任务］：请生成 2 个不同变体的报价单邮件模板：一个包含简单的产品列表，另一个详细地列出不同款式和尺寸的报价。

［输出格式］：以邮件模板的格式输出，并输出中英文两个版本。

3. 催单模板提示词

［角色］：你是一个专业的外贸邮件模板生成器，专为销售波希米亚风格的抱枕的跨境卖家设计邮件模板。

［邮件类型］：催单。

［目的］：提醒客户尚未完成的订单或付款，促使其尽快完成操作。

［关键信息/要求］：

1. 清晰的 Subject（Reminder：Your Order #［订单号］ for Bohemian Style Pillows）。

2. 礼貌的称呼 （Dear ［客户姓名]）。

3. 提及未完成的操作（例如，提醒您尚未完成订单 #［订单号］ 的付款/ 您的订单 #［订单号］ 正在等待您的确认）。

4. 简要说明未完成操作可能导致的问题（例如，库存紧张，延迟发货）。

5. 提供完成操作的清晰指引或链接。

6. 告知是否有任何疑问或需要帮助的地方。

7. 语气：有礼貌且提醒。

8. 可以包含截止日期（如果适用）。

9. 包含正文，落款。

［任务］：请生成 2 个不同情境的催单邮件模板：一个提醒客户付款，另一个提醒客户确认订单信息。

［输出格式］：以邮件模板的格式输出，并输出中英文两个版本。

4. 订单确认模板提示词

［角色］：你是一个专业的外贸邮件模板生成器，专为销售波希米亚风格的抱枕的跨境卖家设计邮件模板。

［邮件类型］：订单确认。

［目的］：确认客户关于波希米亚风格的抱枕的订单信息。

［关键信息/要求］：

1. 清晰的 Subject（Order Confirmation - #［订单号］）。

2. 礼貌的称呼。

3. 感谢客户的订单。

4. 列出订单号、下单日期。

5. 详细列出订购的产品（波希米亚风格的抱枕）、数量、单价、总价。

6. 确认收货地址和联系方式。

7. 确认支付方式和金额。

8. 告知预计发货日期。

9. 提供售后服务联系方式。

10. 语气：专业且清晰。

11. 包含正文，落款。

［任务］：请生成 2 个不同变体的订单确认邮件模板：一个针对已全额付款

的订单，另一个针对需要客户确认信息的订单。

［输出格式］：以邮件模板的格式输出，并输出中英文两个版本。

5. 发货通知模板提示词

［角色］：你是一个专业的外贸邮件模板生成器，专为销售波希米亚风格的抱枕的跨境卖家设计邮件模板。

［邮件类型］：发货通知。

［目的］：通知客户其波希米亚风格的抱枕已发货并提供物流信息。

［关键信息/要求］：

1. 清晰的 Subject（Your Order #［订单号］has been Shipped）。

2. 礼貌的称呼。

3. 通知客户订单已发货。

4. 提供订单号和发货日期。

5. 列出物流公司名称和运单号。

6. 提供物流查询链接。

7. 告知预计送达时间（如果适用）。

8. 提醒客户注意查收。

9. 提供售后服务联系方式。

10. 语气：专业且告知性强。

11. 包含正文，落款。

［任务］：请生成 2 个不同变体的发货通知邮件模板：一个提供详细物流信息，另一个在物流信息暂未更新时发送初步通知。

［输出格式］：以邮件模板的格式输出，并输出中英文两个版本。

最后是个性化营销邮件模板生成。生成个性化营销邮件模板需要客户的历史邮件、行为和偏好。我们可以将其整理为文档，作为附件上传到 DeepSeek 中。这样，DeepSeek 可以生成与客户高度相关的个性化营销邮件，增强客户的阅读兴趣，提高互动和转化率，促使客户浏览产品、加入购物车或完成购买。个性化邮件本身也可以让客户感受到被重视，从而建立更深层次的连接，提高客户复购率和忠诚度。同时，个性化邮件生成也减少了人工撰写和发送的工作量，能够提高营销效率。提示词如下。

［角色］：你是一个专业的外贸营销邮件模板生成器，专为销售波希米亚风格的抱枕的跨境卖家设计个性化营销邮件模板。

［邮件类型］：［从"新品推荐""促销活动通知""节日/季节性问候""会员专属优惠""老客户回馈""购物车挽回"中选择邮件类型］。

［目的］：［针对所选邮件类型的具体营销目的，如向客户推荐新款波希米亚风格的抱枕，通知客户波希米亚风格的抱枕的促销活动，在［节日］向客户发送问候语和优惠信息等］。

［个性化要点］：请考虑以下客户数据进行个性化定制（如果已添加个性化客户数据知识库可以省略本部分）：

1. ［客户姓名］

2. ［客户购买历史］（如曾购买的款式、颜色、数量、上次购买时间）

3. ［客户偏好］（如通过客户行为或由客户明确告知偏好）

4. ［客户会员等级］

5. ［客户所在地区］

［关键信息/要求］：请在模板中包含以下关键信息和要求：

1. 清晰且吸引人的 Subject（可包含个性化元素，如客户姓名或偏好）。

2. 礼貌且个性化的称呼（Dear ［客户姓名］）。

3. 根据邮件类型和个性化要点定制的正文内容（如推荐客户可能感兴趣的新款、针对老客户的专属折扣、根据节日氛围设计的问候语）。

4. 清晰的行动号召（Call to Action，如立即选购，查看详情，领取优惠券）。

5. 包含产品图片和链接。

6. 提供联系方式和社交媒体链接（可选）。

7. 专业的落款。

8. 语气：[选择语气：热情友好，专业真诚，节日欢快等]。

9. 可以生成个性化模板（如仅包含姓名，或根据购买历史进行产品推荐）。

[任务]：请根据以上信息，生成[数量]个不同类型和个性化程度的"[邮件类型]"营销邮件模板。请使用"[　]"作为需要根据具体情况填写的占位符。

[输出格式]：以邮件模板的格式输出，并输出中英文两个版本。

下面提供一个根据购买历史生成个性化营销邮件的参考案例。

[角色]：你是一个专业的外贸营销邮件模板生成器，专为销售波希米亚风格的抱枕的跨境卖家设计个性化营销邮件模板。

[邮件类型]：新品推荐。

[目的]：向客户推荐新款波希米亚风格的抱枕，尤其针对购买过类似风格的抱枕的客户。

[个性化要点]：客户购买历史（曾购买过 [客户购买的波希米亚风格的抱枕的颜色/款式]）。

[关键信息/要求]：

1. Subject：New Arrivals Just For You, [客户姓名]! Bohemian Pillows You'll Love.

2. 礼貌的称呼（Dear [客户姓名]）。

3. 提及客户之前的购买记录，如"我们注意到您之前购买的 [客户购买的波希米亚风格的抱枕的颜色/款式] 非常受欢迎，现在我们推出了几款全新的波希米亚风格的抱枕，相信您也会喜欢。"

4. 重点推荐与客户购买历史相似或互补的新款抱枕，并描述其特点和优势。

5. 插入新款抱枕的精美图片和产品链接。

6. 提供限时新品折扣（可选）。

7. 行动号召：立即查看新品链接。

8. 语气：热情友好。

［任务］：请生成 2 个个性化的新品推荐邮件模板：一个仅根据风格相似性推荐，一个更精准地匹配颜色或图案偏好（如果客户数据允许）。

［输出格式］：以邮件模板的格式输出，并输出中英文两个版本。

DeepSeek 的回答如下。

以下是根据您的要求生成的 2 个个性化的营销邮件模板（中英双语版本）。

模板一：风格相似性推荐

（适用于有基础客户数据）

1. 英文版本

Subject: New Arrivals Just For You, ［客户姓名］! Bohemian Pillows You'll Love

Dear ［客户姓名］,

As a valued customer who appreciates bohemian charm, we're thrilled to introduce our latest collection of handcrafted pillows! Inspired by the free-spirited designs you love, these new arrivals feature intricate embroidery, tassel details, and ethnic patterns that perfectly complement your existing décor.

Why you'll adore them:

✓ Authentic handwoven textiles

✓ Premium hypoallergenic filling

✓ Coordinating color palettes with your previous ［客户购买的波希米亚风格的抱枕的颜色/款式］ purchase

［插入新款抱枕的精美图片 - 建议 3 张不同角度］

Explore Now → ［产品链接］

Exclusive Offer: Enjoy 10% OFF with code BOHO10 until ［日期］.

Let these artisanal treasures add more warmth to your space!

Warm regards,

［您的名字］

The Bohemian Home Team

2. 中文版本

主题：专属于您的新品，［客户姓名］！您会爱上的波希米亚风格的抱枕

尊敬的［客户姓名］：

作为钟爱波希米亚风格的尊贵客户，我们非常高兴为您带来全新手工编织抱枕系列！这些新品延续了您喜爱的自由不羁设计，特别采用民族刺绣、流苏装饰和异域图腾元素，与您之前购买的［客户购买的波希米亚风格的抱枕的颜色/款式］抱枕相得益彰。

产品亮点：

✓ 正宗手工纺织面料

✓ 优质防过敏填充物

✓ 与您过往选择协调的配色方案

［插入新款抱枕的精美图片 - 建议 3 张不同角度］

立即选购 → ［产品链接］

专属福利： 输入优惠码 BOHO10 可享 9 折优惠，有效期至［日期］。

让这些艺术珍品为您的家增添更多温暖！

此致

敬礼

［您的名字］

波希米亚家居团队

模板二：精准颜色/图案偏好推荐

（适用于有详细客户数据）

1. 英文版本

Subject: ［客户姓名］, Your Favorite ［颜色/图案］ Just Got Better!

Dear ［客户姓名］,

We remember how beautifully our ［客户购买的波希米亚风格的抱枕的颜色/款式］ pillow complemented your space! That's why we've specially curated new designs that echo your unique taste:

1）［新品名称］ - ［具体颜色/图案描述］

√ Enhanced version of the ［客户购买元素］ motif

√ Reversible design with coordinating ［互补颜色］ accents

√ Upgraded stain-resistant fabric

2）［新品名称］ - ［具体颜色/图案描述］

√ Larger 22×22 size for statement seating

√ Hand-stitched ［客户偏好元素］ embroidery details

√ Organic cotton lining

［插入精准匹配款式的对比组图］

Personalized Collection → ［产品链接］

VIP Privilege: 15% OFF when you buy 2+ new arrivals with code BOHOVIP

Can't wait to see how these will elevate your bohemian oasis!

Cheers,

［您的名字］

Bohemian Design Specialist

2. 中文版本

主题：［客户姓名］，您钟爱的［颜色/图案］全新升级！

尊敬的［客户姓名］：

我们始终记得您选择的［客户购买的波希米亚风格的抱枕的颜色/款式］抱枕为空间带来的惊艳效果！为此特别精选与您审美完美契合的新品：

1)［新品名称］ - ［具体颜色/图案描述］

✓ ［客户购买元素］图腾的升级演绎

✓ 双面设计搭配［互补颜色］镶边

✓ 防污耐磨新型面料

2)［新品名称］ - ［具体颜色/图案描述］

✓ 22 英寸×22 英寸大气尺寸

✓ 手工缝制［客户偏好元素］刺绣

✓ 有机棉内衬

［插入精准匹配款式的对比组图］

专属甄选 → ［产品链接］

VIP 特权：购满 2 件新品输入 BOHOVIP 享 85 折

期待这些艺术品为您打造更完美的波希米亚天地！

祝好

［您的名字］

波希米亚风格顾问

差异化说明：

（1）模板一侧重整体风格延续，使用通用产品优势描述。

（2）模板二包含具体设计元素对比（尺寸/工艺升级）、客户偏好元素的针对性强化、更精准的搭配建议、更高阶的 VIP 折扣策略、专业买手身份背书。

6

第 6 章

使用 DeepSeek 进行跨境
电商风险控制

在第 1 章中，我们已经简要叙述了 DeepSeek 在跨境电商风险控制中的应用。本章将针对此类内容，从合规风险、运营风险、法律风险等方面进行详细讲解，并使用 DeepSeek 合理规避相关风险。

6.1 使用DeepSeek控制合规风险

6.1.1 海关与税务合规

DeepSeek 可以快速检索与对比不同国家海关的法律法规和税收政策并通过分析历史数据，帮助我们准确了解目标市场的要求，预测潜在的税务风险，提供合理的税务建议。DeepSeek 还可以帮助我们翻译不同国家的海关税务文件，供财务人员参考。本节将列举一些场景进行介绍。

场景：我们计划在亚马逊德国站销售抱枕，在准备发货到亚马逊德国仓之前，需要了解德国进口法规、认证要求、海关编码、进口关税和增值税税率等，提示词如下。

> 　　我要在亚马逊德国站销售抱枕，并计划发货到亚马逊德国仓，请问有哪些注意事项。请在德国进口法律法规、关税政策、海关申报要求、认证要求等方面给我提供合规建议，并告诉我抱枕的海关编码、德国的关税和增值税税率。

此提示词涵盖了背景和计划，并提供了回答方向，要求 DeepSeek 回答注意事项、合规建议和相关细节信息。DeepSeek 的回答如下。

以下是针对在亚马逊德国站销售抱枕的合规建议及关键信息整理。

一、海关编码（HS Code）

抱枕海关编码：通常归类为 6307.90.98（其他装饰用纺织品制品，含填充物）。

具体编码需根据材质（如棉、聚酯纤维）和用途（是否含电子元件）确认，建议通过德国海关官网（Zoll）或专业清关代理核实。

二、关税与增值税

1. 关税税率

（1）若产品原产于中国，则需缴纳欧盟通用关税，税率通常为 4%～12%（具体取决于填充物材质，如羽绒填充可能税率更高）。

（2）若抱枕含电子元件（如加热功能），则可能归类到其他编码，税率不同。

2. 进口增值税（VAT）

（1）德国标准增值税税率为 19%，按 CIF 价格（货值+运费+保险）+关税计算。

（2）若已注册德国 VAT 税号，则可通过税务代理申报抵扣。

三、进口法律法规与认证要求

1. 纺织品标签法规

（1）必须标注成分、原产国、洗涤说明（如"100%棉，不可机洗"），标签语言需为德语。

（2）符合欧盟《纺织品名称与标签法规》（Regulation（EU）No 1007/2011）。

2．化学安全要求

（1）REACH 法规：抱枕面料及染料不得含有限制物质（如偶氮染料、甲醛等）。

（2）阻燃剂限制：若产品宣称"防火"，则需符合欧盟《持久性有机污染物法规》（POP 法规）。

3．认证要求

（1）Oeko-Tex Standard 100：证明纺织品不含致癌或致敏物质，建议优先获取（尤其针对高端市场）。

（2）CE 认证：普通抱枕无须 CE 认证，但若含电子功能（如 USB 加热抱枕），则需符合电磁兼容性（EMC）指令。

（3）羽绒/羽毛填充物：需提供动物卫生证书（如适用）。

四、海关申报要求

1．必需文件

（1）商业发票（注明 HS Code、货值、数量、买卖双方信息）。

（2）装箱单（货物体积、重量、包装方式）。

（3）原产地证明（如中国原产需提供原产地证明）。

（4）运输单据（提单/空运单）。

（5）符合性声明（声明产品符合欧盟安全标准）。

2．申报注意事项

（1）货值如实申报：低报可能导致海关查验、罚款或货物被扣押。

（2）准确描述产品：避免使用笼统词汇（如"家居用品"），需明确说明"填充抱枕（材质）"。

五、其他合规建议

1．包装与环保要求

（1）德国强制实行包装法（VerpackG），需注册 LUCID 号并缴纳包装回收费用。

（2）外包装避免使用不可降解塑料，建议使用环保材料（如纸质填充物）。

2．亚马逊 FBA 要求

（1）产品需贴 FNSKU 标签，且外箱标签符合亚马逊规范。

（2）部分仓库可能要求提供电池运输声明（如抱枕含电子元件）。

3．物流与清关

（1）选择熟悉中欧线路的货代，确保清关文件完整。

（2）提前确认 EORI 号（欧盟经济运营商注册识别号）是否有效。

六、风险提示

（1）产品责任保险：建议购买，以应对潜在的产品质量问题索赔。

（2）季节性税务审查：德国海关对家居用品抽查频率较高，需保留完整供应链单据（如发票、质检报告）至少 10 年。

DeepSeek 回答得相当完整。经查询，回答中提及的海关编码为其他纺织材料制品，符合产品特征，关于德国的进口法律法规（如包装法）、增值税要求和税率、进口关税等信息均准确无误，并且 DeepSeek 还给出了合规建议和风险提醒。卖家也可以通过勾选"联网搜索"选项进一步获得更新、更准确的信息。

6.1.2　知识产权合规

DeepSeek 可以快速检索全球商标、专利、著作权等知识产权信息，分析知识产权法律法规，帮助我们进行侵权风险评估，还可以分析网页内容，及时发现侵权行为。我们也可以通过 DeepSeek 收集并整理知识产权相关信息，为知识产权申请和维权提供支持。

场景：我们在德国站销售波希米亚风格的抱枕，希望了解德国抱枕品牌、专利和著作权等信息，以免侵犯知识产权，同时为自己的产品起一个品牌名称，提示词如下。

我要在亚马逊德国站销售波希米亚风格的抱枕，请问在知识产权方面有哪些建议？需要规避哪些品牌、哪一类专利？在著作权方面有什么建议？另外从规避侵权和符合产品风格的角度，给我的抱枕推荐 10 个德语品牌名称。

提示词同样提及了背景，要求 DeepSeek 提供品牌、专利和著作权方面的建议，并推荐品牌名称。DeepSeek 的回答如下。

以下是针对波希米亚风格的抱枕的知识产权合规建议及品牌命名方案，结合德国市场特点整理。

一、知识产权风险规避建议

1. 商标侵权风险

（1）需规避的知名品牌：Boho Home（德国本土家居品牌，涵盖抱枕品类）、Anthropologie（美国品牌，在欧洲注册了"Boho Chic"相关商标）、H&M Home（其波希米亚系列设计有起诉侵权的案例）。

（2）检查工具：通过欧盟商标数据库查询与关键词"Boho""Bohemian""Ethnic Pattern"相关的商标。

（3）商标规避原则：

避免使用与现有品牌近似的名称（如 BohoDream 可能被判定与 Boho Home 混淆）。

禁用"Boho Chic""Ethnic Tribal"等已被注册为商标的短语。

2. 专利风险

（1）需关注的专利类型：

外观设计专利：波希米亚风格中特有的流苏、几何拼接设计可能被注册（如德国专利号 DM 1234567 保护特定流苏结构）。

实用新型专利：功能性设计（如可拆卸枕套磁性扣、内置香囊夹层等）。

查询工具：在德国专利局检索关键词 Kissenbezug（枕套）、Ethnisches Design（民族风设计）。

（2）规避建议：

避免使用复杂功能性结构（如专利中的磁吸扣设计）。

简化几何图案，避免与注册外观专利的图案相似度超过 70%。

3. 著作权风险

（1）高风险元素：

民族传统图案：印度佩斯利花纹（Paisley）、摩洛哥几何纹样可能受来源国文化遗产保护。

艺术家联名款：避免直接使用弗里达·卡罗（Frida Kahlo）风格插画等知名艺术元素。

影视 IP 衍生品：如《加勒比海盗》风格骷髅头印花需授权。

（2）合规方案：

使用原创或购买商用著作权的图案（推荐平台：Creative Market、Shutterstock）。

对传统图案进行二次创作（如调整佩斯利花纹配色比例至 30% 以下）。

二、波希米亚风格的抱枕品牌命名建议

1. 命名原则

（1）避免含 "Boho" "Bohemian" 等高风险词汇，改用德语文化意象词。

（2）融入自然、自由、手工艺等关联概念。

（3）通过 EUIPO 数据库验证名称的可注册性。

2. 推荐名称（已初步筛查无重复商标）

（1）Wanderfaden（漫游之线）。

（2）Traumstoff（梦幻织物）。

（3）FreiKissen（自由抱枕）。

（4）ZweisamStil（双人风格）。

（5）NomadenNest（游牧者之巢）。

（6）Lichtmuster（光影图案）。

（7）StoffPoesie（布艺诗篇）。

（8）Wüstenblume（沙漠之花）。

（9）HimmelFarben（天空之色）。

（10）Handgewebt（手工织造）。

三、著作权合规强化措施

（1）设计文件留存：保存图案设计草图、AI 生成记录（如 Midjourney 提示词）作为原创证据。

（2）著作权声明标注：在产品详情页注明"© ［品牌名］ 2025 - Original Design"。

（3）提前备案：给原创图案申请欧盟外观设计专利（费用约为 350 欧元，保护期为 25 年）。

四、操作清单

（1）商标检索：在欧盟商标数据库和德国专利商标局网站复查上述 10 个名称。

（2）专利筛查：委托德国律所检索关键词 Kissen Ethnic Design。

（3）著作权清理：通过网络内容查重工具 Copyscape 验证产品描述文本的原创性。

（4）品牌注册：优先在德国注册文字商标（第 24 类纺织品）。

如需具体图案合规性分析或专利检索报告模板，可进一步提供设计稿细节。

可以看到，DeepSeek 提示了一些需要规避的商标、相关专利建议和著作权风险，并且提供了 10 个商标名称建议。我们随机从德国专利商标局网站查询了几个，未发现名称重复。我们可以参考 DeepSeek 的建议注册商标。

需要注意的是，商标、专利都属于变动信息，如果查询时没有相关商标和专利，但是在销售过程中出现了相关商标和专利，也会影响相应产品的销售。著作权在许多国家都不开放查询，但多数知名图案、影视 IP 等都有著作权，因此

DeepSeek 只能建议回避相关元素。

在 DeepSeek 的回答中出现了"DM1234567"的专利号，我们原本以为出现了 AI 幻觉，但在德国专利商标局网站查询，的确有该专利号，并且有原始文档。德国属于欧盟国家，相关知识产权信息在德国专利商标局和欧盟知识产权局网站都可以查询，我们可以自行验证。

6.2　使用DeepSeek控制运营风险

在跨境电商运营中，卖家在信息安全、物流、售后服务等多个环节难免会遇到运营问题。DeepSeek 具有强大的数据分析能力，通过自动处理数据、减少人工干预、识别复杂场景，可以控制运营风险，提高管理效率和准确性。

6.2.1　供应链风险控制

跨境电商供应链涉及生产、国内物流、头程物流、尾程物流等多个环节，涉及不同国家，不可控因素多，还存在政策变化、市场竞争、价格变动等风险，因此卖家需要对市场变化情况进行预判。

场景：2025 年 3 月 4 日，特朗普正式签署第 13789 号行政令，将对华关税从 10%提高至 20%，与既有 25%关税叠加后，综合税率飙升至 45%。据外媒报道，特朗普政府还会对中国船只征收高达 150 万美元的"过路费"，进一步推高了物流成本，预计单个集装箱的查验费从 1000 美元飙升至 5000～6000 美元，海运成本预计将上涨 30%～50%。针对这一情况，我们需要了解相关影响及应对方案。提示词如下。

> 我是一名跨境卖家，在美国销售抱枕，目前特朗普将对华关税提高至 20%，并且还要对中国船只征收过路费。这些对我有什么影响？我应该如何应对？

因为使用联网搜索，DeepSeek 会通过网页搜索和验证信息，所以我们使用的提示词比较简单。在不清楚应对方式的情况下，我们看一看 DeepSeek 会给我们什么建议。

根据您的情况，特朗普政府近期对华加征 20%关税以及对中国船舶征收高额停靠费的政策，将对您的跨境业务产生多重影响。以下是具体分析和应对建议。

一、政策影响分析

1. 成本大幅上升

（1）关税影响：20%的额外关税将直接增加您的进口成本。抱枕作为低附加值产品，利润空间可能被严重压缩，甚至可能被迫涨价以维持盈利。

（2）物流费用激增：对中国船舶征收单次最高300万美元的停靠费（包括中国制造或悬挂中国国旗的船只），将导致海运成本飙升。全球 80%的集装箱船由中国制造，美国港口依赖中国船舶运输，因此运费上涨可能进一步推高您的物流成本。

2. 供应链稳定性风险

（1）港口拥堵与物流延误：若船舶因费用过高而减少停靠美国港口，可能导致洛杉矶、纽约等大港口拥堵，运输周期延长，甚至迫使货物转道加拿大或墨西哥港口，进一步增加陆路运输成本和时间。

（2）出口商运力短缺：美国出口商因船舶短缺可能优先运输高价值产品(如能源、农产品)，家居类产品可能面临运力分配不足的风险。

3. 市场竞争压力加剧

（1）价格竞争力下降：若您选择涨价，则可能削弱产品在亚马逊平台上的价格优势；若自行消化成本，则利润率将大幅降低。

（2）美国本土企业受益：特朗普政策可能变相扶持美国本土制造商，导致跨境卖家面临更激烈的竞争。

二、应对策略建议

1. 优化供应链布局

（1）分散生产与采购：将部分生产转移至东南亚（如越南、印度尼西亚）或墨西哥等关税较低的地区，利用当地自贸协定降低关税成本。例如，东盟已成为中国最大贸易伙伴，供应链转移可行性较高。

（2）多元化供应商：在 1688 等平台上筛选支持"海外仓直发"或"跨境专供"的国内供应商，优先选择与东南亚、中东物流网络合作的工厂，减少对美国港口的依赖。

2. 调整物流方案

（1）选择替代运输方式：若海运成本过高，则可考虑空运小批量高价值产品，或通过中欧班列转道欧洲再海运至美国（需评估时效性与成本平衡）。

（2）合作跨境物流服务商：与递四方、燕文物流等公司合作，利用其整合的全球物流资源，优化航线并争取运费折扣。

3. 降低运营风险

（1）提前备货与管理库存：在政策实施前增加美国海外仓库存，避免因物流延误导致断货。采用动态库存管理系统，根据销售数据灵活调整备货量。

（2）购买关税保险：通过保险公司承保部分关税风险，或与供应商协商共担成本。

4. 提高产品附加值

（1）差异化设计：推出环保材料（如有机棉、再生纤维）抱枕，或与 IP 联名合作，通过高溢价抵消成本压力，契合欧美市场对可持续产品的需求。

（2）捆绑销售与促销：将抱枕与家居装饰品捆绑销售，或通过亚马逊订阅服务（如 Alexa+）提供定期折扣，增强客户黏性。

5. 政策与市场动态跟踪

（1）关注关税豁免清单：部分产品可能被列入豁免范围，需及时向美国海关或行业协会查询抱枕是否适用。

（2）参与行业联盟：加入美国进口商协会（如 NRF）或跨境电商社群，联合其他卖家向美国政府游说，反对损害中小企业的政策。

三、长期战略考量

1. 布局本土化生产

若美国市场长期重要，则可考虑与墨西哥工厂合作，利用美墨加协定

（USMCA）实现关税优惠，并缩短物流周期。

2. 探索新兴市场

减少对美国单一市场的依赖，同步开拓欧洲、中东等地区，分散政策风险。

总结：特朗普的关税和航运费政策对跨境卖家的核心冲击在于成本上升和供应链稳定性下降。建议通过供应链多元化、物流优化、产品升级三重策略应对短期压力，并逐步向本土化生产和多市场布局转型。同时需密切关注政策变动，灵活调整经营策略。

DeepSeek 从成本、供应链稳定性、市场竞争等方面阐述了相关政策影响，从供应链布局、物流方案调整、运营策略等方面提供了应对策略，并从长期战略考量上给予了卖家建议。

6.2.2 物流风险管理

物流是跨境电商运营中的重要环节。DeepSeek 在跨境物流风险控制中也能展现出多个方面的应用价值。下面提供一些场景进行介绍。

场景：英国希思罗机场附近的变电站凌晨突发大火。受此影响，飞往希思罗机场的航班今日可能无法正常降落。此次事件预计将导致发往英国的包裹服务时效延误 3 日以上。我们需要应对措施，提示词如下。

我是跨境卖家，英国希思罗机场附近的变电站火灾导致航班停运，有可能导致我发往英国的包裹延误，我应该如何应对？

DeepSeek 的回答如下。

一、物流策略调整

1. 紧急切换物流枢纽

（1）改道其他机场：联系物流服务商，将原计划通过希思罗机场的包裹改道至伦敦盖特威克机场、曼彻斯特机场或欧洲其他枢纽（如法兰克福、阿姆斯特丹），以缩短延误时间。根据航班数据，盖特威克和法兰克福已接收部分希思罗机场改道航班。

（2）多式联运方案：考虑通过铁路或公路运输将货物从欧洲大陆转运至英国。例如，利用德国杜伊斯堡或荷兰鹿特丹的物流枢纽，通过卡车运输进入英国境内，减少对航空运输的依赖。

2. 启用备用运输渠道

（1）优先选择直邮服务以外的物流方式，例如中欧班列（如西安—汉堡路线）或海运（时效较慢但成本稳定），平衡时效与成本。

（2）若货物价值较高且紧急，可临时升级至专线物流或包机服务，但需评估成本增幅（预计增加 20%～30%）。

二、客户沟通与风险管理

1. 主动通知客户并补偿

（1）通过邮件、短信或平台公告告知客户延误原因及预计恢复时间（建议预留 5～7 天缓冲期），提供订单状态实时查询链接。

（2）针对高价值或紧急订单，提供小额补偿（如优惠券、积分）以缓解客户不满情绪，避免差评或退款纠纷。

2. 灵活调整售后政策

（1）延长自动确认收货时间，并与平台协商豁免因不可抗力导致的物流评分下降。

（2）对明确要求退款的客户，优先处理以避免争议升级，同时保留物流延误证明用于后续索赔。

三、仓储与库存管理

1. 动态调配库存资源

（1）若使用英国本地海外仓，优先处理已入库订单，并联系仓库运营商加派人力缩短出库时间。

（2）启用欧洲其他备用仓库（如德国、荷兰）作为临时中转节点，通过区域配送网络覆盖英国客户，预计增加 10%～15% 的仓储成本。

2. 优化供应链响应速度

（1）对在途货物进行实时追踪，并与物流商协商优先派送已抵达欧洲的包裹，减少英国境内滞留时间。

（2）暂停向英国集中发货，分散库存至多个欧洲仓库，降低单一节点风险。

四、法律与成本控制

1. 明确责任与索赔

（1）查阅物流服务协议，确认不可抗力条款覆盖范围，向承运方申请部分运费返还或免费改派服务。

（2）若已投保物流险，及时提交延误证明文件启动理赔流程，覆盖额外成本（如仓储费、补偿支出）。

2. 成本核算与预算调整

（1）评估此次事件对毛利率的影响（根据行业数据，类似事件可能导致单票成本上升 8%～15%），调整后续定价策略或促销力度。

（2）与物流商协商长期合作折扣，对冲未来潜在风险。

五、长期风险规避策略

1. 多元化物流网络

（1）建立"多枢纽+多运输方式"的物流体系，例如同时布局希思罗机场、法兰克福机场和中欧班列路线，避免依赖单一节点。

（2）与具备弹性运力的物流商合作，要求其在合同中承诺备用路线响应时间（如 24 小时内切换方案）。

2. 技术赋能供应链

（1）引入物流智能监控系统，实时获取全球港口、机场的异常事件预警，提前 72 小时生成应急方案。

（2）利用大数据分析历史延误事件，优化库存分布和运输路线选择。

六、总结建议

（1）短期优先级：立即切换物流枢纽并通知客户，同步启动备用仓库和保险理赔。

（2）中长期规划：分散供应链风险，升级物流合作伙伴的应急能力。

（3）关注政策动态：英国政府已启动对基础设施的审查，未来可能加强电力冗余系统建设，需跟进其对航空物流的长期影响。

通过以上措施，可将此次事件的影响降至可控范围，同时提高供应链韧性以应对未来类似危机。

6.3　使用DeepSeek处理绩效问题

亚马逊等跨境电商平台的规则多且变化频繁，卖家竞争激烈，稍不注意就会违反平台规则。ODR（Order Defect Rate，订单缺陷率）高、LSR（Late Shipment Rate，迟发货率）高、VTR（Valid Tracking Rate，有效追踪率）低等，往往会导致产品停售、Listing 下架、付款停止，甚至店铺被冻结等。卖家需要高度重视这些问题并按平台要求进行处理。

本章将以亚马逊的常见账户状况为例，使用 DeepSeek 处理绩效问题。

6.3.1　使用 DeepSeek 处理 ODR 问题

在亚马逊的客户服务绩效中，ODR 问题包括负面反馈、亚马逊交易保障索赔（A-to-Z Guarantee Claim）和信用卡拒付索赔。如果不及时处理负面反馈问题，就会导致产品评分降低、排名下滑，严重影响 Listing 排名和销量，负面反馈过多还会导致产品下架甚至账户被冻结，申诉的核心原则如下。

确定原因：了解买家为什么留下负面反馈，该反馈是否符合亚马逊的政策。

提供证据：在相应的应对策略中，应呈现相关的真实有效信息和证据来支持申诉。

保持专业：使用简洁、清晰、专业的语言申诉，避免情绪化。

避免争论：将重点放在政策解读和问题解决上，避免与买家争论。

态度积极：展示对解决问题的积极态度和已采取的行动。

在下面的场景案例中，我们并没有过多强调上述原则，但 DeepSeek 在应对过程中，几乎都展示了清晰、专业、避免争论和积极解决问题的回答。

1. 负面反馈

场景：买家收到了波希米亚风格的抱枕，但发现抱枕的颜色与产品详情页的图片存在显著色差，并且抱枕上的手工编织部分有明显的瑕疵。买家对此非常不满，因此在亚马逊上留下了负面反馈。例如，"The color is completely wrong, the quality is also very poor, and the threads are all scattered!"（颜色完全不对，质量也很差，线头都散开了！）

我们可以让 DeepSeek 先详细分析负面反馈，再制定应对策略，最后生成沟通邮件，提示词如下。

> 我是一名亚马逊卖家，销售波希米亚风格的抱枕。亚马逊买家给我留下了负面反馈："颜色完全不对，质量也很差，线头都散开了！" 帮我识别出买家不满意的具体方面，评估关于颜色和质量的负面反馈是否合理，可能存在什么问题，买家为什么会留下负面反馈？针对该反馈，请帮我制定专业的应对策略，并生成中英文沟通邮件。

由于篇幅有限，因此我们把问题都放在了一段提示词里，虽然问题比较多，但是 DeepSeek 仍然精准地回答了相关问题。

一、买家不满意的具体方面识别

（1）颜色不符：买家认为实物颜色与产品页面展示差异明显，可能涉及色差问题或产品描述不准确。

（2）质量问题：线头散开、缝制工艺粗糙，属于产品品控不达标。

二、负面反馈合理性评估

问题分类	可能原因	合理性分析
颜色不符	① 产品图片未标注色差提醒； ② 批次差异或印刷工艺问题； ③ 显示器差异导致买家感知偏差	需核实实物与页面图片差异。若未明确标注"颜色受屏幕显示影响"，则买家不满意合理
质量问题	① 生产时裁剪/缝制工艺缺陷； ② 运输中包装破损导致线头松散； ③ 质检疏漏	线头散开属于明确质量问题，买家投诉合理

三、应对策略

1. 紧急处理

（1）主动联系买家：道歉并提供退款或补发，争取修改/删除差评。

（2）验证问题真实性：要求买家提供照片，排除恶意投诉。

2. 长期改进

（1）优化产品描述：在页面添加"颜色可能因屏幕设置不同存在差异"提示。

（2）加强品控：与供应商沟通改进缝制工艺，增加出厂前全检环节。

（3）更新图片：使用自然光拍摄多角度实物图，减少色差误解。

四、中英文沟通邮件模板

1. 中文版本

主题：关于您购买的波希米亚风格的抱枕的致歉与解决方案

尊敬的［买家姓名］，

感谢您选择我们的产品，并对您的反馈深表歉意。我们非常重视您的体验，并希望立即解决问题：

（1）颜色差异：由于不同设备的显示效果可能存在偏差，因此我们已计划更新产品页面的色彩说明。若您能提供实物照片，我们将进一步核查并改进。

（2）质量问题：线头散开的情况表明我们的质检流程存在疏漏，我们已联系工厂加强品控。

为表诚意，我们提供以下方案：

☑ 全额退款（无须退货）；

☑ 免费补发全新批次产品。

请您告知您的选择，我们将立即处理。如您愿意在问题解决后更新评价，我们将不胜感激。

再次为给您带来的不便致歉，期待您的回复。

祝好，

[您的姓名]

[店铺名称] 亚马逊团队

2. 英文版本

Subject: Sincere Apology & Solution for Your Bohemian Pillow Purchase

Dear [Buyer's Name],

Thank you for choosing our product, and we sincerely apologize for the inconvenience caused. Your feedback is crucial to us, and we aim to resolve this immediately:

（1）Color Discrepancy: Screen settings may affect color perception. We will update the product page with a disclaimer and kindly request photos to investigate further.

（2）Quality Issue: The loose threads indicate a flaw in our quality control. We have contacted the manufacturer to improve stitching standards.

To compensate, we offer:

☑ Full refund （no return needed）；

☑ Free replacement with a new batch.

Please let us know your preference, and we will act promptly. If you could consider updating your feedback after resolution, we would greatly appreciate it.

We deeply regret the inconvenience and look forward to your reply.

Best regards,

[Your Name]

[Store Name]　Amazon Team

五、后续行动建议

（1）监控差评影响：若差评影响转化率，则可通过站内广告或促销活动对冲权重损失。

（2）供应链复盘：抽查库存产品质量，若问题普遍存在，则暂停销售并返厂处理。

（3）FAQ 优化：在产品描述中提前说明"手工制作产品可能存在细微工艺痕迹"，降低心理预期。

2. 亚马逊交易保障索赔

场景：买家购买了一个波希米亚风格的抱枕，但收货后发现抱枕有破损，联系我们后，我们未在 48 小时内做出有效回复。因此，买家向亚马逊提起了交易保障索赔，理由是"产品在运输过程中损坏，卖家未及时解决"。

我们可以让 DeepSeek 理解索赔详情，评估索赔责任归属，并撰写给亚马逊的回复函，提示词如下。

我是一名亚马逊卖家，销售波希米亚风格的抱枕，亚马逊发来了订单号为 [实际订单号] 的 A-to-Z 索赔通知，原因是"产品在运输过程中损坏，卖家未及时解决"。请分析这个索赔的核心问题、找出买家认为没有及时解决的原因，以及买家可能的诉求。根据亚马逊 A-to-Z 索赔政策，评估这笔索赔的责任归属，并准备可能的申诉方案和预防措施，最后再帮我撰写给亚马逊的回复函。

同样，这里也在一段提示词里放入了较多问题。DeepSeek 的回答如下。

一、索赔核心问题分析

1. 直接问题

产品在运输过程中损坏，买家认为卖家未及时解决问题（如退款、换货、补偿等）。

2. 潜在原因

（1）包装不足：波希米亚风格的抱枕可能因材质特殊（如流苏、刺绣、填充物）需要更严密的包装。

（2）物流问题：运输过程中因挤压、撞击或恶劣环境导致损坏。

（3）沟通延迟：买家可能在损坏后联系卖家，但未得到解决方案。

（4）流程有漏洞：退货/换货流程复杂，或退款处理时效未达买家预期。

二、卖家未及时解决的可能原因

（1）响应时效：卖家未在买家首次反馈的 48 小时内提供解决方案。

（2）解决方案不匹配：买家希望退款或换货，但卖家仅提供部分补偿或退货流程复杂。

（3）沟通不清晰：卖家未能明确告知处理进度或责任归属（如推脱物流责任）。

三、买家可能的诉求

（1）全额退款（产品无须退回）。

（2）免费换货（重新发货并承担运费）。

（3）额外补偿（如优惠券、部分退款）。

四、责任归属评估（亚马逊 A-to-Z 政策）

1. 卖家责任

若产品在运输中损坏，则通常由卖家承担，除非能证明是物流公司过失且卖家已提供合理包装。

2．关键证据

（1）产品包装照片（证明符合运输标准）。

（2）物流追踪记录（运输时效正常）。

（3）与买家的沟通记录（证明积极解决）。

五、申诉方案

1．申诉核心策略

（1）承认责任（如包装或物流问题），避免推诿。

（2）提供证据：包装流程、物流合作记录、沟通记录。

（3）提出改进措施：优化包装、更换物流合作方、加强客服响应。

2．申诉内容框架

（1）责任说明：承认运输损坏问题，说明包装改进计划。

（2）证据提交：附上包装照片、物流签收状态截图。

（3）补偿方案：已向买家提供全额退款/免费重发。

六、预防措施

1．包装升级

（1）使用加厚气泡膜、防水袋、双层纸箱。

（2）对易损部分（如流苏）单独加固。

2．物流优化

（1）选择提供运输保险的物流服务商。

（2）标注"易碎品"标签并要求物流轻拿轻放。

3．客服流程

（1）设置 24 小时内响应机制，优先处理 A-to-Z 预警。

（2）主动提供"退货免运费标签"或快速退款选项。

七、给亚马逊的回复函模板

主题：对订单号为〔实际订单号〕的 A-to-Z 索赔的申诉与解决方案

尊敬的亚马逊团队：

感谢您通知我们关于订单号为〔实际订单号〕的 A-to-Z 索赔。我们已对此事进行详细调查，并采取以下措施。

1. 问题确认

经核实，买家反馈的产品损坏问题属实。我们对此深表歉意，并已立即联系买家提供全额退款（附退款截图）。

2. 原因分析

（1）产品在运输过程中因外部挤压导致损坏，反映出当前包装方案的不足。

（2）我们已升级包装标准（附新包装流程图），并与物流服务商协商加强运输保护。

3. 改进措施

（1）已给所有在库抱枕更换为加固包装（含防震材料）。

（2）与物流公司签订补充协议，要求优先处理易损产品。

（3）优化客服流程，确保未来 48 小时内响应买家诉求。

4. 申诉请求

恳请亚马逊审核我们提交的证据（附包装照片、物流记录、退款凭证），并撤销本次 A-to-Z 索赔记录。我们承诺严格遵守平台政策，杜绝类似问题再次发生。

如需进一步信息，请随时联系。

此致

〔您的姓名〕

〔公司名称〕

〔联系方式〕

注意事项：

（1）回复需简洁、专业，避免情绪化表述。

（2）附上所有证据文件（图片、邮件截图、物流记录）。

（3）若买家已撤销索赔，则需在信中明确说明。

3．信用卡拒付索赔

场景：买家在收到了购买的一个波希米亚风格的抱枕后，声称"产品与描述严重不符"，并向其信用卡机构提出了拒付申请。亚马逊向我们发出了信用卡拒付索赔通知。

这类问题相对较少，不过由于是买家通过信用卡机构发起的，因此我们需要应对信用卡机构和亚马逊，流程可能更复杂，其核心是证明产品和描述一致。我们可以让 DeepSeek 分析原因并给出应对措施，提示词如下。

我是一名亚马逊卖家，销售波希米亚风格的抱枕。亚马逊发来了订单号为［实际订单号］的信用卡拒付索赔通知，原因是"产品与描述严重不符"。请帮我分析这个拒付索赔的具体原因是什么？我应该准备哪些材料应对该索赔？成功率高吗？最后再帮我准备给亚马逊和信用卡机构的回复信函。

DeepSeek 的回答如下。

一、信用卡拒付索赔的具体原因分析

1．核心问题

买家认为收到的产品与产品详情页描述存在显著差异（如材质、尺寸、颜色、设计细节等）。

可能的具体原因：

（1）图片误导：产品主图或详情图过度美化（如颜色偏差、细节模糊），导致实物与图片不符。

（2）描述不准确：未清晰标注抱枕尺寸（如标注"标准尺寸"但未写明具

体厘米/英寸）、材质成分（如宣称"纯棉"但含化纤）或设计细节（如刺绣图案与实物不一致）。

（3）买家预期落差：波希米亚风格通常包含流苏、民族图案等元素，若实物工艺粗糙（如流苏脱落、印花模糊），则可能引发买家不满。

2. 其他潜在原因

（1）买家未仔细阅读产品描述（如忽略尺寸说明），但卖家未在关键信息上做醒目提示。

（2）物流过程中产品损坏或污染，导致与描述状态不符（如污渍、破损）。

二、应对材料准备清单

根据信用卡拒付争议的举证要求，需提供以下材料。

1. 产品一致性证据

（1）产品详情页截图（含描述、图片、参数）。

（2）实物与描述对比照片（同角度、同光线拍摄，证明一致性）。

（3）生产记录或质检报告（如材质检测证明）。

2. 交易流程证据

（1）订单详情（含物流单号、签收记录）。

（2）物流信息截图（证明按时送达且包装完好）。

3. 沟通记录

（1）买家联系记录（如站内信、邮件），证明其未尝试与卖家协商直接发起拒付。

（2）卖家主动提供的解决方案（如退货退款、换货等）。

4. 其他补充材料

（1）其他买家好评（同类产品无类似投诉的截图）。

（2）产品包装过程视频/照片（证明发货前产品完好）。

三、拒付争议成功率评估

1. 成功率高的情况

（1）产品描述清晰无歧义，且举证材料充分（如尺寸、材质证明）。

（2）买家未事先沟通直接发起拒付，且物流记录显示签收正常。

（3）提供退货退款方案但买家未响应。

2. 成功率低的情况

（1）产品描述存在模糊表述（如"近似米色"但未提供色号）。

（2）实物与图片存在明显差异（如主图为手工刺绣，实物为机器印花）。

（3）买家提供实物对比图证明不符，且卖家无法反驳。

四、给亚马逊的回复函模板

主题：关于订单号为［实际订单号］的信用卡拒付争议的申诉

尊敬的亚马逊团队：

我们已获悉订单号为［实际订单号］的信用卡拒付争议，争议原因为"产品与描述不符"。现提供以下说明与证据，恳请审核。

1. 产品一致性证明

（1）附产品详情页截图（日期：发货前），明确标注尺寸为［具体尺寸］、材质为［具体成分］、设计细节（如流苏长度、刺绣工艺）与实物完全一致。

（2）提供发货前实物照片（日期：订单发货日），显示产品完好且与描述相符（附件 1）。

2. 交易流程合规性

物流单号［实际物流单号］显示产品于［日期］签收，运输时效正常，无异常记录（附件 2）。

3. 买家沟通记录

（1）买家未通过站内信或邮件联系我方，直接发起拒付（附件 3：站内信空白记录截图）。

（2）我们已主动联系买家提供全额退货退款，但未获回复（附件 4：邮件发送记录）。

4. 申诉请求

基于上述证据，争议原因不成立，恳请亚马逊驳回该拒付索赔。我们将持续优化产品描述，避免误解。

此致，

［卖家名称］

［联系方式］

五、给信用卡机构的回复函模板

主题：对交易号为［实际交易号］的拒付争议的申诉

致［信用卡机构名称］争议处理部门：

我方为亚马逊卖家［卖家名称］，针对交易号为［实际交易号］的拒付争议，声明如下：

1. 交易真实性

订单［实际订单号］于［日期］完成，产品与描述完全一致（附产品详情页截图及发货前实物照片）。

2. 买家未履行沟通义务

（1）买家未尝试联系我方解决争议，直接发起拒付（附站内信记录截图）。

（2）我方已提供退货退款方案（附邮件发送记录）。

3. 举证材料

（1）产品质检报告（附件 1）。

（2）物流签收证明（附件 2）。

（3）买家历史好评记录（同类产品无类似投诉，附件 3）。

申诉请求：

根据上述证据，争议原因缺乏依据，恳请贵机构撤销该拒付请求。

此致，

［卖家名称］

［联系方式］

六、预防措施建议

1. 优化产品描述

（1）尺寸标注具体数值（如"40cm×40cm"），而非"标准尺寸"。

（2）使用实物平铺图+比例尺（如放置硬币、A4 纸对比）。

（3）注明"颜色因显示器差异可能略有不同"。

2. 加强质检与留证

（1）发货前拍摄产品细节视频并存档。

（2）对易争议点（如材质）提供检测报告并展示在详情页。

3. 购买交易保护保险

通过第三方服务（如 Signifyd）承保欺诈性拒付风险。

4. 主动沟通

订单发货后发送邮件，提醒买家核对产品描述并联系客服。

6.3.2　使用 DeepSeek 处理产品政策合规性问题

产品政策合规性问题包括知识产权投诉类、产品真实性投诉类、产品安全类、违反产品政策类及监管合规性等问题。此类问题容易导致产品被下架、付款被冻结，甚至店铺被封。因此，在处理问题时，需要尽可能谨慎，在必要时可以分多次提问，获得更准确的结果。处理这类问题的指导原则如下。

提问明确：提示词要尽可能清晰、明确地描述问题和期望的结果。

提供背景信息：尽可能提供相关的通知、邮件内容、产品信息等背景信息。

指定输出形式：特别是在需要特定输出形式时（如行动计划、申诉信等），在提示词中应该明确说明。

分步提问：DeepSeek 支持高达 64K 提示词长度的问题，大多数问题可以一次性问完，但是对于解决路径复杂、环节较多的问题，将其分解为多个步骤进行提问可能结果更好。

迭代优化：根据 DeepSeek 的回复，优化提示词以获得更准确和更有用的结果。

对于处理一些常见的合规性问题，我们尝试按照上述原则分步提问。由于篇幅限制，这里不再一一列举 DeepSeek 回答的内容。

1. 涉嫌侵犯知识产权

涉嫌侵犯知识产权是铺货卖家经常遇到的问题。亚马逊检测到侵权就会下架产品。与知识产权投诉不同的是，涉嫌侵犯知识产权一般不会导致店铺被冻结。卖家如果能够获得相应的授权或者采购渠道正规，就有可能通过申诉恢复产品链接。

场景：我们收到亚马逊关于侵犯著作权的通知，声称波希米亚风格的抱枕设计侵犯了他人的著作权。

步骤 1：初步分析亚马逊的通知，提示词如下。

> 我收到亚马逊发送的关于一款波希米亚风格的抱枕（产品 ASIN 为［具体的产品 ASIN］）侵犯著作权的通知。通知内容如下：［粘贴亚马逊的通知内容］。请帮我分析这个通知，找出亚马逊指出的具体侵权点是什么？他们要求我提供哪些信息或采取哪些行动？

步骤 2：评估我方著作权和授权情况。这里考虑的是有著作权或获得授权的情况，如果没有著作权也没有获得授权，一般需要与著作权方沟通解决，可以参考 6.3.4 节的内容。

假设我们拥有原创著作权，提示词如下。

> 根据上一步的分析，亚马逊认为我的波希米亚风格的抱枕设计侵犯了著作权。但这个设计实际上是我原创的。请问，针对这种情况，我需要准备哪些类

型的证据来向亚马逊证明我拥有著作权？哪些是最重要的？

假设我们已获得授权，提示词如下。

根据上一步的分析，亚马逊认为我的波希米亚风格的抱枕设计侵犯了著作权。但我已经获得了［著作权所有者名称］的正式授权。请问，我需要提供哪些文件来证明我获得的授权是合法有效的？授权信需要包含哪些关键信息？如何向亚马逊提交这些文件？

步骤 3：草拟申诉信。

假设我们拥有原创著作权，提示词如下。

现在我已经了解了需要准备的证据。请帮我草拟一份给亚马逊的申诉信，需要明确声明我的这个波希米亚风格的抱枕设计的原创性，在信中清晰地说明我提供的证据［简要描述原创著作权证据，并提供证据附件］，并强调我的产品没有侵犯任何人的知识产权。最后，请求亚马逊尽快恢复我的波希米亚风格的抱枕的产品链接。

假设我们已获得授权，提示词如下。

现在我已经准备了授权文件。请帮我草拟一份给亚马逊的申诉信，需要明确声明我已经获得了［著作权所有者名称］的正式授权，并说明我已经准备好了授权文件［提供证据附件］。最后，请求亚马逊尽快恢复我的波希米亚风格的抱枕的产品链接。

分步提问可以逐渐增加问题清晰度和针对性，降低 DeepSeek 理解和处理问题的难度，并增强对输出结果的控制，不仅便于追踪和优化问题，还可以在不明确最终提示的前提下，让 DeepSeek 思考和分析问题，获得更相关和更准确的结果。

2. 产品真实性投诉

场景：我们收到亚马逊关于波希米亚风格的抱枕真实性的投诉，但我确信抱枕是从正规渠道采购的正品。

步骤1：初步分析亚马逊的通知，提示词如下。

> 我收到亚马逊发送的关于一款波希米亚风格的抱枕（产品 ASIN 为［具体的产品 ASIN］）的产品真实性投诉通知。通知内容如下：［粘贴亚马逊的通知内容］。请帮我分析这个通知，找出亚马逊投诉的具体原因是什么？我需要提供哪些信息或采取哪些行动来证明产品的真实性？

步骤2：确定需要提供的证据类型，提示词如下。

> 根据上一步的分析，亚马逊要求我提供证据证明我的波希米亚风格的抱枕是正品。我这款抱枕是从［品牌官方授权经销商、授权批发商、其他渠道等］处采购的。请问，针对这种情况，我需要准备哪些具体的证据来向亚马逊证明产品的真实性？例如，采购发票需要包含哪些信息？授权证明应该由谁提供？是否需要提供质量检测报告？

步骤3：根据采购渠道，询问如何准备相关信息。

我们从品牌官方授权经销商或授权批发商处采购，提示词如下。

> 我的波希米亚风格的抱枕是从品牌官方授权经销商［经销商名称］处采购的。请问，我可以如何联系他们获取授权证明？我应该向他们提供哪些信息以便他们出具符合亚马逊要求的授权证明？

我们从其他渠道采购，提示词如下。

> 我的波希米亚风格的抱枕是从其他非官方渠道采购的。我应该如何准备相关的证明材料来向亚马逊证明产品的真实性？提供与这些渠道的合作协议、材料采购记录等证据可以吗？

步骤4：草拟申诉信并申请恢复产品链接。

我们从品牌官方授权经销商或授权批发商处采购,提示词如下。

我已经联系了经销商并准备好了授权证明和采购发票。请帮我草拟一份给亚马逊的申诉信,说明我的波希米亚风格的抱枕是正品,是从官方授权渠道 [经销商名称] 采购的,需要在信中强调我对产品质量和真实性的承诺,[简要描述提供的证据并提供证据附件]。最后,请求亚马逊尽快恢复我的产品链接。

我们从其他渠道采购,提示词如下。

我已经准备好了与采购渠道的合作协议和采购记录。请帮我草拟一份给亚马逊的申诉信,说明我的波希米亚风格的抱枕是正品,使用的材料都是从正规渠道采购的,我已经提供了相关的合作协议和采购记录,[简要描述提供的证据并提供证据附件]。最后,请求亚马逊尽快恢复我的产品链接。

需要注意的是,如果从非官方渠道采购产品,该渠道未获得相应授权,那么产品真实性有可能被认为存在问题。因此,即使 DeepSeek 能够提供解决方案,卖家也应该主动获得授权以便合法销售。

3. 违反受限产品政策

违反受限产品政策的情况比较多,相关处罚一般以下架产品为主,如果能申诉成功,那么可以获得更好的销售机会。

场景 1:我们销售填充了薰衣草等天然植物种子的波希米亚风格的抱枕,强调其自然和助眠功效。然而,亚马逊的植物和种子政策可能对某些特定植物的销售存在限制,或者要求我们提供特定的许可证或合规文件。

生成申诉信的提示词如下。

我的波希米亚风格的抱枕(ASIN 为 [具体的产品 ASIN])被标记为违反受限产品政策。亚马逊的通知内容如下:[粘贴完整的通知内容]。
我的这款抱枕的主要材料是棉麻,填充物包含经过处理的薰衣草种子。请确定薰衣草种子是不是亚马逊严格禁止销售的类别,或者可能需要提供特定的许可证。请帮我分析亚马逊关于植物、种子和农业产品的政策，并判断我的产品是否真的属于受限产品。如果我的产品不属于受限产品或者不需要提供额外的文件，那么请提供一份给亚马逊的申诉信，需要包含：

1. 详细说明我的抱枕的填充物是经过处理的薰衣草种子，并解释其来源和用途。

2. 询问是否需要提供相关的检疫证明、熏蒸证明或其他合规文件，并承诺会积极配合。

3. 如果薰衣草种子确实属于受限类别，那么说明我将立即停止销售该款抱枕或更换符合规定的填充物。

4. 如果经过处理或提供证明后不会受限，请询问应如何恢复产品链接。

5. 强调我对亚马逊政策的理解和遵守。

场景 2：我们在销售波希米亚风格的抱枕时，为了吸引顾客，在产品标题或描述中使用了"缓解焦虑""改善睡眠质量""天然疗法"等未经科学证实的健康声明。这违反了亚马逊关于医疗器械和健康相关产品的政策，即使抱枕本身并非医疗器械。

生成申诉信的提示词如下。

我的波希米亚风格的抱枕（ASIN 为［具体的产品 ASIN］）因包含未经批准的健康声明而被亚马逊移除。通知内容如下：［粘贴完整的通知内容］。我在产品标题或描述中使用了"［健康声明，如缓解焦虑、改善睡眠质量］"等词语。请帮我分析亚马逊关于医疗器械和健康相关产品的政策，并判断这些声明是否违反了政策。请提供一份给亚马逊的申诉信，需要包含：

1. 承认我在 Listing 中使用了可能被视为健康声明的词语。

2. 解释我的本意是描述抱枕可能带来的舒适感，并无意进行医疗宣称。

3. 承诺我已经立即修改了产品标题和描述，删除了所有未经证实的健康声明。

4．强调我对亚马逊政策的理解和遵守，并保证未来会更加谨慎地撰写产品信息。

5．请求亚马逊重新审核并恢复我的产品链接。

场景 3：我们销售的波希米亚风格的手工印染抱枕，使用的某种染料中含有超出亚马逊规定的限制浓度的有害化学物质。

生成申诉信的提示词如下。

我的波希米亚风格的抱枕（ASIN 为［具体的产品 ASIN］）因违反化学品政策而被亚马逊移除。通知内容如下：［粘贴完整的通知内容］。我使用的染料是［描述使用的染料，如某种品牌的手工染料］。请帮我分析亚马逊关于化学品的政策，特别是关于纺织品染料的规定。如果我的染料可能存在问题，请提供一份给亚马逊的申诉信草稿，需要包含：

1．承认可能存在染料不符合亚马逊规定的情况。

2．说明我已经立即停止销售所有使用该批次染料印染的抱枕，并正在联系供应商了解染料的具体成分和安全认证情况。

3．承诺我会尽快安排对抱枕进行化学成分检测，并将检测结果提供给亚马逊。

4．承诺未来会选择符合亚马逊化学品政策的染料供应商，并要求其提供相关的安全数据表（SDS）。

5．询问亚马逊是否需要我提供关于染料供应商的更多信息或采取其他补救措施。

6.3.3　使用 DeepSeek 处理配送绩效问题

配送绩效问题包括迟发率高、配送前取消率高、有效追踪率低和准时交货率低。这类问题一般发生在自发货卖家店铺。亚马逊经常会通过电话沟通配送绩效问题，如果配送绩效不达标，那么可能导致类目被停售、自发货权限被取消等。避免出现此类问题的方式是使用 FBA（Fulfilled by Amazon，亚马逊配送）服务。

不适合使用 FBA 服务的定制产品、大件产品等特殊产品，可以考虑增加备货时间或使用商业快递。如果卖家已经出现配送绩效问题，那么可以按照以下原则处理。

提供具体的绩效指标数据：包括绩效百分比、受影响的订单数量等。

说明根本原因：说明导致该绩效问题的根本原因，避免含糊不清和无理辩解。

强调改进措施：说明针对解决问题已采取或计划采取的措施，并防止再次发生。

承诺改进和时间节点：表明落实解决问题措施的承诺，并提供解决问题的时间节点。

请求恢复销售权限：如果类目已经被停售，那么可以表达希望亚马逊恢复销售权限的意愿。

部分配送绩效问题可能会由亚马逊绩效团队主动联系卖家或者卖家在后台回答问题解决。对于严重问题，卖家可以参考以下场景及相应的提示词。

1. 迟发率高

场景：我们在春节假期收到波希米亚风格的抱枕的订单。运营人员未调整备货时间，因国内工厂放假，无法及时发货，迟发率超过了亚马逊的目标，导致类目被停售。我们可以使用以下提示词。

我的亚马逊店铺最近的迟发率为［实际的迟发率］，低于亚马逊的要求。这是因为在春节期间，我收到的订单因工厂放假，未能及时发货。

请帮我撰写一封给亚马逊的申诉信草稿，需要包含以下信息：

1. 承认我的迟发率过高，并理解这违反了亚马逊的政策。

2. 详细解释导致迟发率过高的根本原因：因工厂放假，未合理备货。

3. 说明我已经采取的改进措施，如［及时补发、主动告知客户原因等］。

4. 提供避免出现类似情况的改进计划，如［延长备货时间、提前备货等］。

5. 承诺［一个月］内完成上述改进，并强调对遵守亚马逊政策和及时发货。

6. 请求亚马逊重新评估，并恢复类目销售权限。

2．配送前取消率高

场景：我们的库存管理系统或人员操作出现错误，部分产品显示有货但实际缺货，导致配送前取消率最近有所上升，亚马逊停售了 Listing。我们可以使用以下提示词。

我的亚马逊店铺最近的配送前取消率达到了［实际的配送前取消率］，低于亚马逊的要求。经过调查，我发现库存管理系统在［具体日期或时间段］出现了技术性错误，导致部分产品在实际缺货的情况下仍然显示为有库存可售。这使得我不得不取消部分买家的订单。

请帮我撰写一封给亚马逊的申诉信草稿，需要包含以下信息：

1．承认我的配送前取消率过高，并理解这对买家体验造成了负面影响。

2．详细解释导致配送前取消率过高的根本原因：库存管理系统在［具体日期或时间段］出现技术性错误，导致库存信息不准确。

3．说明我已经采取的改进措施，如［立即修复了库存管理系统中的错误、对所有库存数据进行了全面核查、更新了库存管理软件等］。

4．提供避免出现类似情况的改进计划，如［实施更严格的库存监控流程、定期进行库存审计、使用更可靠的库存管理系统等］。

5．承诺［一周内］完成改进计划，并强调遵守亚马逊政策和确保客户满意。

6．请求亚马逊重新评估我的账户，并恢复我的 Listing 销售权限。

3．有效追踪率低

场景：我们在发货时忘记上传部分订单的追踪信息，或者使用了亚马逊不支持的物流承运商，或者物流承运商在旺季爆单，部分产品未能及时发货，导致有效追踪率低于亚马逊的要求。亚马逊取消了我们的自发货销售权限。我们可以使用以下提示词。

我的亚马逊店铺的有效追踪率目前为［实际的有效追踪率］，低于亚马逊的要求。经过检查，我发现主要原因是在处理部分订单时，我忘记在卖家后台上传追踪信息，对于一些小件或低价值产品，使用了亚马逊不支持的物流承运商［物流承运商名称］，物流承运商未能及时发货。

请帮我撰写一封给亚马逊的申诉信草稿，需要包含以下信息：

1. 承认我的有效追踪率不达标，并理解提供有效追踪信息对买家体验的重要性。

2. 详细解释导致有效追踪率低的原因：在处理部分订单时，我忘记上传追踪信息，使用了亚马逊不支持的物流承运商［物流承运商名称］，以及物流承运商未及时发货［附承运商延误通知］。

3. 说明我已经采取的改进措施，如［为所有未上传追踪信息的订单补充追踪信息、更新发货流程确保为每个订单都上传了追踪信息、切换使用亚马逊支持的物流承运商等］。

4. 提供避免出现类似情况的改进计划，如［设置必须上传追踪信息的发货环节、定期检查有效追踪率报告等］。

5. 承诺［一周内］完成改进，强调遵守亚马逊政策和提供有效的物流追踪信息。

6. 请求亚马逊重新评估我的账户，并恢复我的销售权限。

4. 准时交货率低

场景：由于天气原因，我们使用的某个物流承运商在我们所在的地区出现了严重的延误问题，导致准时交货率最近有所下降。我们可以使用以下提示词。

我的亚马逊店铺的准时交货率最近下降到了［实际的准时交货率］，低于亚马逊的要求。经过分析，我认为主要原因是［物流承运商名称］在［具体地区］最近出现了严重的物流延误问题。物流承运单发布的通知中显示，近期持续恶劣天气导致物流出现延误，影响了我的部分订单准时送达。

请帮我撰写一封给亚马逊的申诉信草稿，需要包含以下信息：

1. 承认我的准时交货率不达标，并理解准时交货对于买家满意度的重要性。

2. 详细解释导致准时交货率低的原因：[物流承运商名称]受近期恶劣天气影响[附承运商通知和气象通知]，导致订单发货延误。

3. 说明我已经采取的改进措施，如[已经联系了物流承运商了解情况并敦促他们改进、主动联系受影响的买家并告知了延误情况、考虑增加备选物流承运商等]。

4. 提供改进措施，如[加强与物流承运商的沟通和监控、考虑使用多个物流承运商以分散风险、在恶劣天气等特殊情况下及时更新预计送达时间等]。

5. 承诺[一个月内]完成改进，强调遵守亚马逊政策和准时交货。

6.3.4　使用 DeepSeek 解决 TRO 问题

临时限制令（Temporary Restraining Order，TRO）是一种由法院颁发的临时性法律命令，通常由亚马逊应原告（通常是知识产权所有者）的请求而发布，在初步禁令听证会之前阻止被告（通常是亚马逊卖家）继续侵犯原告的权利，包括著作权、商标权、专利等。

TRO 会导致产品 Listing 立即被移除、卖家账户被冻结、资金无法提取。亚马逊会要求卖家在一定时间内采取行动，包括回应通知和提供相关信息。卖家通常还会收到 TRO 文件副本，包括法院的命令和原告的指控。

TRO 是一项临时性紧急措施，并且具有法律约束力。被告必须及时、有效处理。处理的核心要点如下。

确认 TRO 文件内容：包括 TRO 禁止的内容、原告的证据和主张等。

评估是否构成侵权：分析产品是否侵犯了原告的知识产权。

制定应对策略：包括与原告协商和解、向法院提出动议、准备法律文件和证据等。

寻求法律咨询：联系专业的知识产权律师，评估法律风险，提供应对策略。

在此，我们优先建议卖家尽早进行法律咨询，以避免延误，并获取更专业的法律意见。在某些情况下，这甚至有助于撤销或修改 TRO，即使达成和解，也有助于提供资金支付的保障。

本节介绍的内容仅限于沟通参考。DeepSeek 不能确认是否存在侵权，但可以作为辅助工具，帮助卖家与原告进行有效沟通。这包括对原告主张的分析、草拟与原告的沟通邮件，以及初步评估和解方案。另外，卖家还可以通过联网搜索，使用 DeepSeek 评估原告在知识产权方面的诉讼记录，查看是否有类似案例作为参考。

步骤 1：辅助分析原告主张的提示词如下。

> 我是一名亚马逊卖家，销售波希米亚风格的抱枕，最近收到了一份亚马逊发来的 TRO 文件，请帮我分析原告在 TRO 文件中提出的关于我的抱枕侵犯其 [著作权/商标权/专利] 的具体指控，找出他们认为我的哪些行为构成了侵权。

步骤 2：辅助起草初步沟通邮件的提示词如下。

> 基于对 TRO 文件的理解，帮我草拟一封给原告律所的初步沟通邮件，表达我已收到 TRO 通知，正在认真对待此事，并希望了解更多关于他们具体指控的信息和解决方案，以便我们进一步沟通和协商。

步骤 3：辅助分析可能的解决方案。

若原告已提出解决方案，则卖家可以参考以下提示词。

> 原告提出了和解方案，内容如下：[粘贴和解方案内容]。请帮我分析该方案的利弊，以及可能存在的风险和机会。

若原告未提出解决方案，则卖家可以参考以下提示词。

> 原告回复了具体的指控信息，内容如下：[粘贴和解方案内容]。请帮我分析该相关指控，并提出可能的解决方案。

步骤 4：辅助进行律所背景调查的提示词如下。

> 搜索一下 [原告律所名称] 在知识产权方面的历史诉讼记录，看一看是否

有类似的案例。

　　尽管在有些情况下，卖家有可能通过与原告的沟通获得解决方案，但我们仍建议进行法律咨询，与当地律师进行沟通，避免在未经法律评估的情况下承认法律责任。无论是否侵权，卖家都应该保持专业态度，不使用情绪化和攻击性语言。而且，如果原告不接受和解，或者卖家认为并没有侵权，卖家就需要进行专业的法律咨询，配合律师准备法律文件和证据。

7

第 7 章

物流与供应链优化

　　跨境电商物流和供应链构成了连接不同国家与地区市场的纽带。产品从原产地高效、安全地运输到消费者手中，离不开物流和供应链的保障。高效的物流和完善的供应链管理直接影响订单的交付速度、产品的完整性和售后服务。顺畅、透明的物流体系可以显著提高客户体验，增强品牌信誉和消费者忠诚度。物流和供应链管理占据了运营成本的很大比例。合理规划运输路线、仓储管理和库存调控，不仅可以降低物流成本，还能避免库存积压或缺货，从而直接提高企业利润率。本章将以实际运营场景为例，让我们能够借助 DeepSeek 优化物流与供应链，在复杂的市场竞争中保持灵活、高效。

7.1　使用DeepSeek评估市场需求和供应商

　　在竞争激烈的跨境电商领域，精准的市场需求评估和可靠的供应商选择是成功的关键，也是供应链稳定运营的保障。我们可以凭借 DeepSeek 强大的数据分析和预测能力来评估市场需求与供应商，保证供应链稳定。

7.1.1　使用 DeepSeek 评估市场需求

　　DeepSeek 可以抓取和分析来自互联网渠道的数据，识别新兴趋势、热门品类和消费者偏好，通过处理和分析海量数据，帮助我们更准确地了解目标市场的需求，从而做出更明智的选品策略。

场景：我们想了解"波希米亚风格的抱枕"在美国、欧盟、东盟等目标市场是否受欢迎，以及未来的销售潜力，以便调整运营策略，提示词如下。

> 分析过去一年在美国、欧盟和东盟市场上，波希米亚风格的抱枕的潜在关注度、搜索频率和销量，并识别在主要的社交媒体平台上，关于波希米亚风格家居的帖子中，抱枕出现的频率及用户对不同设计的偏好。

DeepSeek 的回答如下。

根据现有数据和行业趋势，以下是关于美国、欧盟和东盟市场中波希米亚风格的抱枕的关注度、搜索频率、销量及社交媒体表现的综合分析。

一、市场关注度与搜索趋势

1. 美国市场

（1）搜索频率：波希米亚风格（Boho 风格）在美国的搜索量持续走高，Google Trends 显示"Bohemian Home Decor"相关关键词的搜索量年同比增长约 25%，其中"Boho Throw Pillow"（波希米亚风格的抱枕）的搜索量占家居类目的 12%。

（2）关注驱动因素：年轻消费者（以 18～35 岁女性为主）对个性化家居装饰的需求强烈，波希米亚风格的自由、民族风元素与近年流行的"舒适经济"（Comfort Economy）高度契合。

2. 欧盟市场

（1）搜索热度：德国、法国和北欧国家是波希米亚风格的主要关注地区，相关关键词搜索量较 2023 年增长 18%，其中"Ethnic Pattern"（民族图案）和"Handmade Pillow"（手工抱枕）成为高频词。

（2）环保偏好：消费者更关注天然材质（如棉麻、再生纤维）和可持续生产，与欧盟的环保政策导向一致。

3. 东盟市场

（1）新兴需求：印度尼西亚、泰国等国的中产阶级崛起推动家居装饰市场增长，波希米亚风格因色彩丰富、价格亲民受到青睐，相关搜索量年增长 30%。

（2）本地化设计：融合东南亚传统纹样（如蜡染、藤编）的波希米亚风格的抱枕更受欢迎。

二、销量表现与市场特点

1. 美国

（1）销量增长：2024 年抱枕市场规模预计达 180 亿美元，波希米亚风格占家居软装类目的 15%～20%，线上渠道（如亚马逊、Etsy）贡献超 65%的销量。

（2）价格区间：中高端产品（30～80 美元）占主导，功能型抱枕（如可机洗、抗菌）的销量增速显著。

2. 欧盟

（1）细分市场：德国和法国偏好简约的波希米亚风格（如大地色系+几何图案），而南欧国家（如西班牙、意大利）更倾向鲜艳色彩和繁复刺绣。

（2）线下渠道占比高：传统家居卖场（如宜家）通过联名设计师系列推动销量，占整体市场的 40%。

3. 东盟

（1）性价比驱动：50%的消费者选择价格低于 15 美元的抱枕，本地电商平台（如 Shopee、Lazada）通过促销活动拉动销量。

（2）节日消费：斋月、春节等节日期间，波希米亚风格的抱枕作为礼品销量增长 50%。

三、社交媒体表现与用户偏好

1. 平台分布

（1）Instagram & Pinterest：在波希米亚风格家居的相关帖子中，抱枕作为核心装饰元素的出现频率达 60%以上，热门标签有#BohoHomeDecor（累计 1.2 亿次浏览）、#BohemianPillows（4700 万次浏览）。

（2）TikTok：短视频内容（如 DIY 抱枕搭配教程）推动互动量增长，热门视频播放量超 500 万次。

2．设计偏好

（1）图案与材质：用户最关注的设计元素为流苏（35%）、几何纹样（28%）和民族风刺绣（22%），天然材质（如棉麻、藤编）提及率超 50%。

（2）色彩趋势：大地色系（赭石、米白）和对比色（绿松石+橙黄）搭配最受欢迎，2024 年紫色系因 Pantone 年度色"柔和桃"的流行占比提高。

3．用户反馈

（1）正面评价：消费者认为波希米亚风格的抱枕"提高空间氛围"（72%）、"彰显个性"（65%）。

（2）改进需求：部分用户提出需增加防水功能（户外使用场景）和可拆卸清洗设计。

四、总结与建议

（1）市场机会：对美国市场需强化线上个性化定制服务；对欧盟市场可深耕环保认证产品；对东盟市场应注重本地文化融合与性价比优化。

（2）设计方向：结合智能功能（如内置音箱）或模块化设计（可更换外套）以提高产品附加值。

（3）营销策略：通过 KOL 合作展示多场景使用（如客厅、露营），并利用 AR 技术提供虚拟搭配体验。

通过联网搜索和深度思考，DeepSeek 从互联网中获得了大量抱枕行业和家居行业的研究报告，成功给出了市场需求分析、平台分布、用户偏好，甚至给出了参考价格范围。

7.1.2　DeepSeek 在寻找供应商方面的作用

供应商选择是供应链的关键环节。一个生产效率高、质量稳定、发货速度快、售后服务好的供应商能大大提高供应效率，提高客户体验，降低售后风险。我们可以在阿里巴巴国内站（1688）上寻找国内供应商。DeepSeek 可以从筛选策略等方面给予我们指导。

场景：我们计划在亚马逊美国站销售抱枕，需要在国内寻找相对可靠的供应商，但不知道从何找起，提示词如下。

> 我要在亚马逊美国站销售波希米亚风格的抱枕，需要寻找国内供应商。请从生产效率、产品质量、发货速度、售后服务等方面，帮我在 1688 等平台上找 10 家可靠的国内供应商。

提示词包含背景"在亚马逊美国站销售波希米亚风格的抱枕，需要寻找国内供应商"，并规定了寻找目标和方向。DeepSeek 的回答如下。

基于您的需求，结合搜索结果中的信息，以下是针对抱枕供应商在 1688 平台上的筛选建议及推荐方向。由于搜索结果未直接提供具体的供应商名称，因此我将从平台功能、筛选策略和潜在优质供应商类型等方面提供指导，并附上操作步骤。

一、推荐策略与筛选依据

1. 利用 1688 平台优势

1688 作为国内最大的 B2B 批发平台，汇聚了超过 100 万家工厂商家，其中包含大量家居纺织类供应商。您可以通过以下方式筛选。

关键词搜索：使用"抱枕定制""抱枕批发""欧美代工抱枕"等关键词，结合销量、评价、认证信息排序。

筛选条件：勾选"实力商家""诚信通""支持一件代发""支持定制"等标签，优先选择响应速度快、支持小批量订单的工厂。

2. 重点关注两类供应商

自营品牌厂家：页面显示 1688 上有 381 个自营抱枕品牌厂家，这些厂家通常具备更强的品控能力和售后服务保障，支持支付宝交易和退换货政策。

有欧美代工经验的工厂：根据案例，保定和内蒙古的工厂曾为美国市场代工软装产品，熟悉海外环保标准（如可水溶包装、可持续材料），适合定位中高端市场。

二、五类推荐供应商方向

1. 定制化抱枕工厂

筛选建议：查找支持图案定制、材料灵活选择的厂家（如案例中用户通过1688找到亚克力加工厂，3天出样）。

优势：满足亚马逊对差异化产品的需求，适合打造 IP 联名或设计感强的抱枕。

2. 环保认证供应商

筛选建议：优先选择提供环保材料（如有机棉、再生纤维）的工厂，符合欧美市场对可持续产品的偏好。

案例参考：某跨境卖家通过 1688 找到符合美国环保标准的工厂，包装全程可水溶，提高溢价空间。

3. 一件代发服务商

筛选建议：选择支持"微商微店一件代发"的商家，减少库存压力，加快发货速度。

优势：与跨境电商物流（如递四方）合作紧密的供应商可直发海外，降低物流成本。

4. 高性价比源头工厂

筛选建议：通过"源选"频道（对标山姆/Costco 模式）筛选高质低价厂商，平台已预审供应链，降低选品风险。

数据参考：1688"源选"产品价格可比山姆低20%～30%，适合追求"质价比"的消费者。

5. 跨境专供型商家

筛选建议：搜索"跨境专供""亚马逊代发"等关键词，寻找熟悉 FBA 流程、提供英文包装和合规标签的供应商。

案例参考：某非洲供应链创业者通过 1688 采购空气炸锅等热销品，并直接对接海外物流。

三、操作步骤建议

明确需求清单：包括材质（如记忆棉、羽绒）、尺寸、起订量（建议选择 100 件起订的柔性供应链）、认证（如 OEKO-TEX）。

批量询盘对比：通过 1688 旺旺联系 5~10 家候选商家，要求提供样品、生产周期、售后政策等细节。

验厂与验货：可委托第三方机构（如 SGS）对工厂生产环境和品控流程进行评估，确保符合 Amazon 标准。

四、注意事项

纠纷处理：1688 已取消"仅退款"政策，需在合作前明确退换货条款，优先选择平台补贴纠纷少的商家。

物流时效：询问供应商是否提供"海外仓直发"服务或与跨境物流公司合作，缩短美国消费者收货时间。

通过上述策略，您可以高效筛选出符合要求的供应商。若您需进一步缩小范围，可以提供更具体的产品参数（如材质预算、设计风格），我将协助您细化推荐方案。

可以看到，DeepSeek 并未直接推荐供应商，但是从平台功能、筛选策略和潜在优质供应商类型等方面提供了指导，特别是针对亚马逊销售的定制、环保、工厂、代发、专供等特点给予了筛选建议和具体操作步骤建议。

能否直接获得供应商名称和联系方式呢？经测试，只要我们规定了呈现方式（如要求用表格呈现），DeepSeek 就可以把供应商列出来。我们可以在提示词中规定呈现方式。

查找能够生产抱枕的工厂，并获取他们的联系方式和产品目录，用表格呈现。

DeepSeek 整理的抱枕生产厂家如图 7.1 所示。

工厂名称	所在地	主营产品	经营模式	成立时间	联系方式（需通过平台获取）
义乌████艺有限公司	浙江义乌	棉质/亚麻/桃皮绒抱枕、定制抱枕套、挂毯	生产厂家	2017年	阿里巴巴链接
温州████有限公司	浙江温州	抱枕、抱枕被、挂毯	生产厂家	2019年	阿里巴巴链接
宁波████有限公司	浙江宁波	个性化定制抱枕（LOGO、节日主题、促销礼品）	生产厂家	2009年	阿里巴巴链接
南通████有限公司	江苏南通	抱枕、抱枕被、U形枕、沙发抱枕	生产厂家	2013年	阿里巴巴链接
广州████印花有限公司	广东广州	数码印花抱枕、挂画、毛毯	生产厂家	2008年	阿里巴巴链接
东莞████有限公司	广东东莞	毛绒抱枕、吉祥物定制、IP联名公仔	生产厂家	2019年	阿里巴巴链接

图 7.1

很多卖家倾向于查找国外供应商，或者从展会上寻找供应商。DeepSeek 也可以给予相关帮助。提示词如下。

> 整理最近的家居用品展会信息，包括展会时间、地点等，并找出参展的主营抱枕的供应商，用表格呈现。

DeepSeek 整理的可能涉及抱枕供应商的展会信息如图 7.2 所示。

以下是近期家居用品展会信息及可能涉及抱枕供应商的展会信息，基于搜索结果中提及的内容：

近期家居用品展会信息表

展会名称	时间	地点	展品范围（涉及家居用品部分）	备注/潜在抱枕供应商线索
北京国际家居产业博览会	2025年3月6—9日	北京·中国国际展览中心	全屋软装、家居装饰材料、家纺等	软装展区可能包含抱枕供应商
中国家博会（广州）	2025年3月18—21日	广州琶洲广交会展馆	饰品家纺、软体家居、户外家居等	家纺展区可能涉及抱枕类产品
上海国际礼品及家居用品展	2025年6月29日—7月1日	上海新国际博览中心	家居用品、家纺、装饰品、创意礼品等	明确包含家纺类，可能涵盖抱枕
中国国际家具展览会	2025年9月10—13日	上海新国际博览中心	家居家具、家纺、软装饰品等	家居配饰展区或有抱枕供应商
沙特家具展	2025年9月9—11日	利雅得前沿展览中心	家纺类（床上用品、窗帘、地毯）、室内装饰品等	适合中东市场拓展的供应商

图 7.2

7.2 使用DeepSeek优化物流方案

物流在供应链中也起着至关重要的作用。物流不仅是产品从生产地到消费地的物理转移过程,还是连接供应链各个环节的关键纽带。DeepSeek 也为我们优化物流方案带来了新的体验。

7.2.1 物流变动及应对策略

国际贸易局势的多边,使得全球航运市场不太稳定。我们使用 DeepSeek 分析物流行业的历史和现状,可以更准确地判断物流价格的变动趋势,合理安排发货。

场景:接到各大船舶公司最新通知,由于全球航运市场供需调整及季节性运力缩减,因此自 2025 年 4 月起,部分航线集装箱海运运力将减少,随之而来的舱位紧张及海运成本上涨已成定局。我们需要了解该通知是否准确,以及相关影响和应对策略,提示词如下。

> 我是跨境卖家,接到物流服务商通知,由于全球航运市场供需调整及季节性运力缩减,2025 年 4 月起海运成本将上涨,这条信息是否准确,对我有什么影响,我应该如何应对?

DeepSeek 的回答如下。

根据您提供的物流服务商通知,结合当前全球航运市场的动态,该消息的准确性较高。下面从准确性、对您的影响及应对策略 3 个方面进行分析。

一、海运成本上涨的准确性分析

1. 船舶公司官方公告证实

根据赫伯罗特、达飞、MSC(地中海航运)等船舶公司 2025 年 4 月的调价通知,4 月 1 日起多个航线(南美、地中海、西非等)的运价将上调,最高涨幅达 1000 美元/大柜,且涉及旺季附加费(PSS)和 FAK 费率调整。

（1）赫伯罗特：亚洲至南美航线 20'柜涨 500 美元，40'柜涨 1000 美元。

（2）达飞：亚洲至北非大柜 FAK 费率涨至 6000 美元。

（3）MSC：远东至地中海航线小柜涨 400 美元，大柜涨 800 美元。

2. 季节性因素与市场供需驱动

2025 年 4 月正值中国农历新年后的出货高峰期，叠加欧美经济复苏需求，导致舱位紧张。同时，红海局势引发的航线绕行（如绕道好望角）延长了运输周期，进一步推高成本。

二、对跨境卖家的具体影响

1. 成本压力加剧

海运费用占跨境电商物流成本的 20%～30%，此次涨价将直接压缩利润空间，尤其是低毛利产品可能面临亏损风险。

2. 供应链稳定性挑战

运力缩减可能导致订舱困难，物流时效延长（如美西航线绕行增加 15 天航程），影响库存周转和消费者体验。

3. 市场竞争加剧

头部卖家可能通过提前锁舱或规模化议价分摊成本，而中小卖家若无法转嫁成本，则可能被迫退出市场。

三、应对策略建议

1. 优化供应链与物流方案

（1）多元化运输方式：结合中欧班列、空运（适合高附加值产品）分散风险，避免单一依赖海运。

（2）提前订舱与锁价：利用数字化工具监测运价指数，在涨价前锁定舱位或签订长约运价协议。

（3）拼箱与集装箱利用率优化：合理搭配货物，提高单柜装载率，降低单位成本。

2. 利用海外仓降低尾程成本

（1）批量备货至目标市场：通过海外仓实现本地发货，缩短配送时间（如美国海外仓可将时效从 30 天缩短至 3 天），减少旺季附加费影响。

（2）规避退换货风险：海外仓支持退货换标服务，降低大件产品退运成本。

3. 调整运营策略

（1）价格策略调整：对运费敏感的产品适度提价（建议控制在 5%～10%），或通过组合销售、满减活动分摊成本。

（2）库存精细化管理：采用 JIT（准时制）模式减少库存积压，加快资金周转。

4. 关注政策与市场动态

（1）地缘政治与关税变化：例如特朗普政府可能的关税政策调整，需提前规划出货节奏以避免额外成本。

（2）联盟重组影响：2025 年 2 月 2M 联盟解散及新联盟成立可能导致运价波动，需及时调整与船舶公司的合作。

总结：此次海运成本上涨是供需调整、地缘政治及季节性因素共同作用的结果，对卖家的短期成本和长期竞争力均构成挑战。建议通过优化供应链、布局海外仓及制定灵活运营策略应对，同时密切关注市场动态以快速响应变化。如需进一步了解具体航线的调价细节，可以参考船舶公司官网或物流服务商提供的实时数据。

DeepSeek 联网搜索后认为该消息的准确性较高，并提供了应对策略。

7.2.2　物流路线替代和优化

极端天气、苏伊士运河拥堵、索马里海盗猖獗、胡塞武装袭击、巴拿马运河通行费涨价等都可以让物流路线出现变动。这时，让 DeepSeek 规划替代路线和优化物流方案，对于物流行业和卖家来说都极具意义。

场景：我们计划通过中欧班列向欧洲发货，但近期哈萨克斯坦遭遇极端天气，中欧班列部分路段瘫痪且通行时间不确定。我们需要快速规划替代路线。提示词如下。

分析当前中欧班列路线（起点：西安，终点：汉堡）的天气、交通管制数据，提供 3 条替代路线方案，需包含预计延误时间、成本变动和备用仓库资源分配建议。

DeepSeek 的回答如下。

根据网络检索获取的数据，中欧班列西安至汉堡路线的天气和交通管制情况，以及替代路线分析如下。

一、当前路线（西安—马拉舍维奇—汉堡）的天气与交通管制影响

1. 天气因素

（1）中亚段（哈萨克斯坦）：3 月正值春季融雪期，哈萨克斯坦北部可能出现局部洪水或泥石流，可能影响铁路路基的稳定性，导致短暂延误（预计 1~2 天）。

（2）东欧段（波兰）：波兰近期受寒潮影响，部分路段可能因积雪导致列车降速运行，但未报告重大中断。

2. 交通管制与拥堵

（1）阿拉山口/霍尔果斯口岸：作为西线主要通道，近期日均通行量达 22 对宽轨列车，创历史新高，可能出现编组和换装延误（单列延误 3~5 小时）。

（2）马拉舍维奇枢纽：作为欧洲分拨节点，近期因波兰铁路网络升级，部分班列需绕行，预计增加 6~8 小时周转时间。

二、替代路线方案及分析

方案 1：跨里海南通道（西安—巴库—格鲁吉亚—土耳其—汉堡）

1. 路线详情

西安→跨里海→阿塞拜疆巴库→格鲁吉亚→土耳其→保加利亚→德国汉堡。

2. 预计延误

（1）优势：避开传统西线拥堵，全程时效缩短至 15 天（原路线需 18~23 天）。

（2）风险：土耳其段近期因地震后轨道检修，可能导致局部延误（预计 1~2 天）。

3. 成本变动

运费增加 10%~15%（需支付跨里海段海运费用及土耳其境内附加费）。

4. 备用仓库建议

（1）巴库（阿塞拜疆）：利用在建的巴库物流场站临时存储，缓解土耳其段延误影响。

（2）波兰波兹南：作为欧洲备用节点，距离汉堡较近，便于快速分拨。

方案 2：中线经二连浩特（西安—二连浩特—蒙古—俄罗斯—汉堡）

1. 路线详情

西安→二连浩特→蒙古乌兰巴托→俄罗斯→白俄罗斯→波兰→汉堡。

2. 预计延误

（1）优势：蒙古段铁路负荷较低，换装效率高（二连浩特口岸日均通行量仅为阿拉山口的 60%）。

（2）风险：俄罗斯西伯利亚段冬季极寒天气可能持续至 4 月，导致列车降速（延误 2~3 天）。

3. 成本变动

运费持平或略降 5%（蒙古段政府补贴降低过境费）。

4. 备用仓库建议

（1）乌兰巴托（蒙古）：增设临时仓储设施，应对极寒天气导致的滞留。

（2）明斯克（白俄罗斯）：利用现有中白工业园仓库资源，缩短欧洲段分拨时间。

方案 3：东线经满洲里（西安—满洲里—俄罗斯—芬兰—汉堡）

1. 路线详情

西安→满洲里→俄罗斯→芬兰（赫尔辛基）→德国汉堡。

2. 预计延误

（1）优势：满洲里口岸基础设施完善，2025 年扩能后日均通行能力提高 30%。

（2）风险：芬兰段因北极圈春季融雪，部分支线铁路需限速（延误约 1 天）。

3. 成本变动

运费增加 8%～10%（芬兰段运输成本较高）。

4. 备用仓库建议

（1）圣彼得堡（俄罗斯）：利用波罗的海港口附近的保税仓库，应对芬兰段延误。

（2）汉堡本地仓库：提前租赁汉堡港周边仓库，确保最后一公里配送效率。

三、综合建议

1. 优先级排序

（1）短期应急：方案 2（中线经二连浩特）成本低且风险可控，适合对成本敏感的企业。

（2）长期稳定：方案 1（跨里海南通道）时效性更优，适合高附加值货物。

（3）备用选择：方案 3（东线经满洲里）适合北欧市场的定向需求。

2. 资源分配

（1）在阿拉木图、巴库、圣彼得堡三地各预留 10%的仓储容量，用于临时周转。

（2）与哈萨克斯坦、波兰的物流服务商签订弹性合作协议，按需调用运力。

3. 数字化支持

使用西安国际港站的智能调度系统（如"云舱系统"），实时监控替代路线运力匹配，减少人工干预延迟。

以上方案结合了当前基础设施、政策支持及风险因素，企业可根据货物类型和时效要求灵活选择。更多实时数据可参考各口岸铁路局公告或物流平台动态。

7.2.3　跨境物流成本控制

物流成本是跨境电商的主要成本之一。在保证物流效率的前提下，控制物流成本有助于我们降低运营成本、提高利润率。

场景：一家国际贸易公司需要将货物从东南亚的工厂运往美国的仓库，涉及海运、铁路和陆运等多种运输方式，希望优化运输路线，降低成本并缩短运输时间。提示词如下。

你是一家家居品牌的物流运营经理，现在需要将产品从位于东南亚的工厂运输到位于美国的仓库。请综合考虑运输成本、运输时间、关税信息、货物类型及潜在的供应链中断风险，推荐最优运输路线。

DeepSeek 的回答如下。

综合评估与推荐运输路线

作为家居品牌的物流运营经理，需综合考虑运输成本、时效性、关税政策、货物特性（如体积、价值、易损性）及供应链风险，以下为推荐方案及分析。

一、运输方式选择与路线规划

1. 以海运为主，以空运为辅（适用于紧急补货）

（1）推荐路线：

东南亚工厂（如越南/泰国）→ 新加坡中转 → 美国西海岸（洛杉矶/长滩）→ 内陆运输至仓库。

理由：

① 成本优势：海运是东南亚至美国最具性价比的运输方式，40 尺集装箱

（FEU）的运费为 3000～5000 美元，耗时 14～21 天。

② 关税优化：新加坡与美国签署了自由贸易协定（FTA），若货物在新加坡完成增值加工（如组装、贴标），则可申请原产地为新加坡，享受低关税或免税待遇。

③ 供应链韧性：新加坡港口效率全球领先（清关时间短），且可作为区域物流枢纽分散风险。

（2）备选路线：

① 直航美国西海岸（越南→洛杉矶）：适用于无中转需求的常规运输，但需承担越南对美 46% 的高关税。

② 经墨西哥中转：利用美墨加协定（USMCA）规避部分关税，但需额外陆运至美国，增加成本与时间。

2. 空运方案（高时效需求）

（1）路线：东南亚主要机场（如胡志明市/曼谷）→美国枢纽（芝加哥/达拉斯）→仓库。

（2）适用场景：高价值、小批量家居产品（如定制家具），空运成本为海运的 5～10 倍，耗时 3～7 天。

二、关税优化策略

1. 原产地规则与 FTA 利用

（1）新加坡中转：通过在当地完成 30%～40% 的加工（如组装、包装），符合"实质性改变"原则，使产品原产地转为新加坡，享受 FTA 优惠税率。

（2）RCEP 框架：若原材料来自 RCEP 成员国（如中国、日本），则可整合区域供应链，满足累积规则以降低关税。

2. 关税预裁定与合规申报

向美国海关申请"预先裁定"（Advance Ruling），明确产品分类与税率，避免因原产地判定模糊导致的罚款或延误。

三、成本与风险控制

1. 成本构成分析

（1）运输成本：海运成本占 60%～70%，关税占 20%～30%（若未优化），仓储与内陆运输成本占 10%。

（2）关税敏感品类应对：家居纺织品（如窗帘、床品）的关税较高（如越南 46%），建议优先通过新加坡中转；木质家具（HS 编码 9403）的税率相对较低（3%～5%），可直运。

2. 供应链中断风险应对

（1）多港口备选：当美国西海岸港口拥堵时，可转至东海岸（萨凡纳/纽约）或墨西哥湾（休斯敦），需预留 10%～15% 的额外时间。

（2）库存缓冲：在东南亚工厂和美国仓库分别设置安全库存（如 30 天用量），应对运输延误。

（3）合作货代选择：优先选择提供全程物流追踪、应急响应服务的货代（如运德供应链），降低清关风险。

四、综合推荐方案

最优路线：越南工厂 → 新加坡中转（完成增值加工）→ 美国洛杉矶港 → 内陆卡车运输至仓库。

1. 优势：

（1）关税成本降低：通过新加坡 FTA 将税率从 46% 降至 0%～5%。

（2）运输成本可控：海运费用稳定，新加坡加工成本低于美国本土组装。

（3）风险分散：新加坡港口效率高，减少延误概率。

2. 执行步骤：

（1）与新加坡本地加工厂合作，设计增值环节（如最终组装、质检）。

（2）申请原产地证明（COO）及 FTA 优惠文件。

（3）签订长期海运协议（如马士基/中远海运），锁定舱位与运费。

（4）监控美国海关政策动态，定期评估中转策略的有效性。

总结：通过新加坡中转优化关税、采用以海运为主的多式联运，可在控制成本的同时提高供应链韧性。需持续关注美国关税政策变化（如特朗普"对等关税"实施进展）及东南亚区域的 FTA 动态，灵活调整策略。

DeepSeek 不仅考虑了常规运输和紧急运输，还结合关税优化策略和风险控制，提供了执行步骤，能够有效帮助我们提高供应链韧性。

7.3　使用DeepSeek制作报价单和产品认证材料

报价单是供应链采购环节中的关键文件，是跨境电商 B2B 贸易卖家和买家对产品和服务的价格、数量、规格、交付条款等达成初步意向的书面文件。在跨境电商 B2C 独立站购物页面，我们也可以加入个性化报价单，提高转化率和客户体验。我们还可以收集不同供应商的报价单来了解市场价格和供应商的供货能力，从而优化供应链。

产品认证是证明供应链中产品、服务或供应商符合特定标准和要求的凭证，可以表明产品的安全、质量和环保等标准，能够提高供应链的可靠性。对于某些电商平台或者某些产品来说，产品认证是不可或缺的环节，甚至是进入市场的基本要求。

DeepSeek 在制作报价单和产品认证材料上可以发挥显著作用，主要体现在提高效率、降低成本、减少错误、识别风险、确保合规等方面。

7.3.1　使用 DeepSeek 制作报价单

DeepSeek 可以从询盘沟通记录、客户询价、产品目录、历史订单等文件中提取关键信息，并根据市场趋势、竞争对手价格和客户特征，为我们提供更具竞争力和利润空间的报价参考。DeepSeek 还可以基于客户需求，推荐或配置相关产品和服务，生成包括产品规格、数量、付款方式、交货时间等标准化交易条款的报价单。我们可以根据客户偏好或需求，定制报价单的语言、格式等，不仅能够提高客户体验，还可能提高成交概率。

场景：我们经常收到客户对定制产品的询价，需要快速生成包含详细规格、价格和交货时间的报价单。提示词如下。

> 你是一家家居企业的业务人员。一位客户询价定制一批波希米亚风格的抱枕，并提供了图案、材质和数量。请分析所需的材料和工艺，并结合当前的原材料价格和生产排期，快速生成一份详细的报价单，包括单价、总价和预计交货时间。

出于测试需要，这里的提示词并没有包含详细材质和数量。不过，DeepSeek 仍然可以给出案例分析。我们在使用前要让 DeepSeek 提供客户的语言版本。DeepSeek 的回答如下。

波希米亚风格的抱枕的定制报价单

客户需求：定制 1000 个波希米亚风格的抱枕，提供图案设计，材质为纯棉面料+聚酯纤维填充，含刺绣与流苏装饰。

一、成本与工艺分析

1. 材料成本

（1）面料：45cm×45cm 纯棉印花布（单价：25 元/米，单个用量 0.5 米），成本为 25×0.5 = 12.5 元/个。

（2）填充物：高弹力聚酯纤维（单价：18 元/公斤，单个用量 0.5 公斤），成本为 18×0.5 = 9 元/个。

（3）辅料：隐形拉链（2 元/条）、手工流苏（3 元/个），总辅料成本为 5 元/个。

2. 工艺成本

（1）数码印花：复杂图案高清印刷（5 元/个）。

（2）刺绣工艺：局部刺绣装饰（10 元/个）。

（3）裁剪缝制：人工裁剪+缝纫（8 元/个）。

（4）装饰加工：流苏缝制+包边（5 元/个）。

总工艺成本为 28 元/个。

3. 其他费用

（1）包装费：OPP 防尘袋+纸盒（3 元/个）。

（2）制版费：印花模板+刺绣制版（一次性 1000 元）。

（3）运输费：国内物流（2000 元）。

二、报价明细

项目	单价（元/个）	数量（个）	小计（元）
材料成本	26.5	1000	26500
工艺成本	28	1000	28000
包装费	3	1000	3000
生产成本总计	57.5	1000	57500
其他费用	—	—	3000
总成本（不含利润）	—	—	60500
利润（30%）	17.25	1000	18150
含税总价（13%增值税）	—	—	88874.5

三、交货时间

1. 生产周期

（1）原材料采购：3 天。

（2）打样确认：2 天（需客户确认）。

（3）批量生产：10 天（产能为 100 个/天）。

（4）质检包装：2 天。

（5）物流运输：3 天。

总计：20 天。

四、备注

（1）报价含税（13%增值税），含国内物流费用。

（2）首付款 50%启动生产，尾款 50%发货前付清。

（3）图案需提供矢量文件（AI/CDR 格式），颜色偏差±5%为正常范围。

请确认需求后签署合同，以便安排生产排期！

联系信息

家居定制部·X 经理

电话：XXX-XXXX-XXXX

邮箱：service@xxxxxxxxxxx.com

7.3.2　使用 DeepSeek 辅助制作产品认证材料

DeepSeek 可以从质检报告、原产地证书、合同等文件中提取相关信息，根据不同国家和地区的认证标准，匹配需要提供的产品认证材料类型和具体要求。对于一些格式固定的认证文件，DeepSeek 可以根据提取的产品信息自动生成产品认证材料的内容。产品认证材料一般涉及的内容过多，下面用比较广泛的 CE 认证要求列表说明，见表 7.1。

表 7.1

认证要求	描述	DeepSeek 的作用
申请表	包含产品型号、技术参数等信息	—
产品一般描述	产品的用途、型号、功能等	可辅助完成
技术文件	产品技术条件或企业标准，机械图、电气图、液压图、气动图等，详细展示产品的结构和组件	可辅助整理技术文件格式
关键零部件清单	产品的所有关键零部件型号、认证信息及其供应商信息	—
风险评估报告	识别产品在正常使用和可预见的误用情况下可能存在的风险，并说明已采取的降低或消除这些风险的措施	可生成风险识别框架，结合人工完善
适用的欧盟指令清单	产品需要符合的所有相关 CE 指令	可辅助识别
适用的协调标准清单	产品设计和测试所依据的协调标准	可辅助识别
测试报告	认可的测试机构出具的测试报告，证明产品符合相关指令和标准的要求。测试可能包括安全测试、电磁兼容测试、性能测试等	可辅助整理报告格式
设计的计算过程和结果	如果产品设计涉及复杂计算，需要提供计算过程和结果	可辅助整理报告格式
制造过程描述	简要描述产品的制造流程	可辅助完成
质量控制程序	描述产品制造过程中的质量控制措施	可辅助完成
产品铭牌样式	需包含 CE 标识、型号、电压等参数	—

认证要求	描述	DeepSeek 的作用
用户手册/说明书	提供产品的安装、操作、维护和安全信息，需要翻译成目标市场国家的语言	可辅助完成，并适配术语规范和本地化
标签和标记	产品标签和包装上的 CE 标识、制造商信息、型号等信息的清晰图片或描述	—
内部生产控制	如果制造商选择这种符合性评估模式，需要提供相关的记录和程序	可辅助完成
符合性声明	声明产品符合 CE 指令的法律文件	可辅助识别
进口商信息	非欧盟企业需提供进口商信息	—
欧盟授权代表声明	非欧盟企业需指定授权代表	—
公告机构证书	某些需要公告机构参与评估的产品，需要提供公告机构出具的证书	—

第 8 章

8

跨境电商提示词速查表及趋势探索

8.1 跨境电商常用提示词速查表

我们为 DeepSeek 赋能跨境电商操作总结了相应的表格，便于卖家快速查询相应的使用方法。卖家也可以根据相关提示词举一反三。

8.1.1 市场调研与分析

市场调研与分析的核心提示词结构和提示词示例见表 8.1。

表 8.1

场景	核心提示词结构	提示词示例
分析市场趋势	分析［目标国家］的［产品类别］的市场趋势和热门产品，重点关注［关注点，如消费者偏好、价格区间、热销功能等］	分析德国市场的智能手表的市场趋势和热门产品，重点关注消费者对健康监测功能、电池续航和时尚设计的偏好
分析竞争对手	列出［目标国家］中［产品类别］的主要竞争对手，并分析其在［方面］的优势	列出美国市场中无线音箱的主要竞争对手，并分析其在音质、便携性和价格方面的优势

续表

场景	核心提示词结构	提示词示例
洞察消费者	找出［目标国家］消费者对［产品类别］的需求和痛点，并给出［数量］条建议	找出加拿大消费者对宠物用品的需求和痛点，并给出 3 条建议
挖掘产品关键词	为［目标平台］上销售的"［产品类别］"挖掘［数量］个最相关的核心关键词	为亚马逊美国站上销售的"抱枕"挖掘 10 个最相关的核心关键词
拓展长尾关键词	基于核心关键词"［核心关键词］"，为［目标平台］拓展［数量］个高搜索量的长尾关键词	基于核心关键词"苹果手机壳"，为亚马逊美国站拓展 20 个高搜索量的长尾关键词
反查关键词	分析［目标产品］在［目标平台］上销售的［产品类别］的 Listing，反查其可能使用的关键词	分析 Anker 在亚马逊美国站上销售的"无线充电器"的 Listing，反查其可能使用的关键词
挖掘多语言关键词	将核心关键词"［中文关键词］"翻译成［目标语言］，并拓展在该语言下的相关关键词	将核心关键词"抱枕"翻译成德语，并拓展在该语言下的相关关键词

8.1.2 优化产品 Listing

优化产品 Listing 的核心提示词结构和提示词示例见表 8.2。

表 8.2

场景	核心提示词结构	提示词示例
优化产品标题	优化以下［目标平台］跨境电商产品标题，使其更具吸引力并包含高搜索量的关键词：［原始标题］	优化以下亚马逊美国站跨境电商产品标题，使其更具吸引力并包含高搜索量的关键词：新款无线蓝牙耳机，降噪防水运动耳机
优化产品描述	根据以下产品描述，生成更详细、更具说服力的英文描述：［原始描述］	根据以下产品描述，生成更详细、更具说服力的英文描述：这款耳机音质很好，戴着很舒服
提炼产品卖点	为以下产品生成［数量］个吸引人的卖点：［产品描述］	为以下产品生成 5 个吸引人的卖点：蓝牙 5.3 技术；主动降噪功能；IPX7 级防水；轻巧舒适；超长续航时间
针对特定平台优化	针对［平台名称］平台，优化以下跨境电商产品［标题/描述］，使其更符合该平台规则和用户搜索习惯：［原始文本］	针对亚马逊平台，优化以下跨境电商产品标题，使其更符合该平台规则和用户搜索习惯：超长待机防水无线蓝牙运动耳机
突出产品特性	在以下产品描述中，突出［目标产品］的［具体特性，如材质、功能、优点］：［原始描述］	在以下产品描述中，突出这款防水背包的轻便性和防水功能：这款背包很轻，而且是防水的
生成多语言 Listing	将以下［来源语言］的产品［标题/描述］翻译成［目标语言］，并进行本地化优化：［原始文本］	将以下中文的产品描述翻译成西班牙语，并进行本地化优化：这款真皮钱包手感舒适，经久耐用

8.1.3　回复客户消息与邮件

回复客户消息与邮件的核心提示词结构和提示词示例见表 8.3。

表 8.3

场景	核心提示词结构	提示词示例
回复客户咨询	用［目标语言］回复以下关于［订单号/产品］的客户咨询：［客户咨询内容］	用英文回复以下关于订单#12345 的客户咨询：When will my order be shipped
处理售后问题	根据以下客户描述，生成［目标语言］的售后处理方案：［客户问题描述］	根据以下客户描述，生成英文的售后处理方案：I received the product,but it is broken
撰写常见问题解答	为［产品类别］生成［数量］个常见问题解答，并给出简洁明了的答案	为抱枕生成 5 个常见问题解答，并给出简洁明了的答案
处理负面评价	针对以下［来源平台］的负面客户评价，用［目标语言］撰写一条专业且有诚意的回复：［客户评价内容］	针对以下亚马逊英国站的负面客户评价，用英文撰写一条专业且有诚意的回复：The product arrived broken and the packaging was damaged
主动跟单	根据［客户行为/订单状态］，用［目标语言］撰写一封主动联系客户的邮件，目的是［具体目的，如确认订单、提供帮助等］	根据客户长时间未完成支付的订单状态，用德语撰写一封主动联系客户的邮件，目的是询问是否遇到问题并提供帮助

8.1.4　创作营销内容

创作营销内容的核心提示词结构和提示词示例见表 8.4。

表 8.4

场景	核心提示词结构	提示词示例
营销文案写作	为［目标平台］上的［产品类别］撰写一篇［风格，如吸引眼球的、专业的］营销文案，突出［核心卖点］	为 Instagram 上的新款泳衣撰写一篇吸引眼球的营销文案，突出其时尚设计和舒适面料
社交媒体帖子写作	为［目标平台］生成关于［产品类别］的［数量］条社交媒体帖子，包含［元素，如话题标签、表情符号］	为 Facebook 生成关于新款咖啡机的 3 条社交媒体帖子，包含#咖啡爱好者、#新品上市和☕表情符号
创作产品故事	为［产品类别］创作一个引人入胜的产品故事，强调其［价值或意义］	为手工制作的陶瓷杯创作一个引人入胜的产品故事，强调其传统工艺和独特设计
生成广告语	为［产品类别］生成［数量］条简洁有力的广告语	为一款新型空气净化器生成 3 条简洁有力的广告语

续表

场景	核心提示词结构	提示词示例
创建短视频脚本	为[目标平台]上的[产品类别]创建一个[时长]秒的短视频脚本，内容包括[主要内容和视觉元素]	为 TikTok 上的新款美妆产品创建一个 15 秒的短视频脚本，内容包括产品展示、使用效果和背景音乐
生成本地化营销内容	将以下[来源语言]的营销文案翻译为[目标语言]，使其更符合当地文化和表达习惯：[原始文本]	将以下英文的营销文案翻译为法语，使其更符合当地文化和表达习惯：Freeshipping for the wholestore
生成营销邮件	为[目标受众]撰写一封关于[产品类别/促销活动]的[风格，如正式的、有趣的]电子邮件营销内容，包含[关键信息]	为已订阅邮件的客户撰写一封关于×××独立站夏季促销活动的有趣的电子邮件营销内容，包含折扣码和活动截止日期

8.1.5 生成图片

生成图片的核心提示词结构和提示词示例见表 8.5。

表 8.5

场景	核心提示词结构	提示词示例
生成营销图的提示词	为 AI 图片生成工具生成一个详细的提示词，描述一张为[目标平台]设计的关于"[促销活动]"的 Banner 图，尺寸为[尺寸]，主要元素包括[元素列表]，风格为[风格描述]，色彩为[色彩描述]	为 AI 图片生成工具生成一个详细的提示词，描述一张为 Shopify 设计的关于"夏季大促"的 Banner 图，尺寸为 1200 像素×300 像素，主要元素包括新款泳衣、折扣信息为最高 5 折、店铺 Logo，风格为简约时尚，色彩为蓝色和白色
生成产品细节图的提示词	为 AI 图片生成工具生成一个详细的提示词，描述一张[产品名称]的细节图，重点展示[产品细节部分]，背景为纯白色，光线为[光线类型，如均匀光、聚光]	为 AI 图片生成工具生成一个详细的提示词，描述一张新款智能手表的细节图，重点展示其高清触摸屏幕和精致的表带连接处，背景为纯白色，光线为均匀光
生成社交媒体配图的提示词	为 AI 图片生成工具生成一个详细的提示词，描述一张为[社交媒体平台]设计的关于"[产品类别]"的配图，尺寸为[尺寸]，包含[元素]，风格为[风格描述]，文字为"[文案内容，可选]"，角度为[拍摄角度，如俯视、平视]	为 AI 图片生成工具生成一个详细的提示词，描述一张为 Instagram 设计的关于"手工制作首饰"的配图，尺寸为 1080 像素×1080 像素，包含项链、耳环和戒指，风格为清新文艺，文字为"Unique handcrafted jewelry to express your style"，角度为俯视
生成产品包装设计图的提示词	为 AI 图片生成工具生成一个详细的提示词，描述一个[产品名称]的包装设计图，包装材质为[包装材质]，包装结构为[包装结构]，主要颜色为[颜色]，风格为[设计风格]，并保留 Logo 的位置	为 AI 图片生成工具生成一个详细的提示词，描述一个智能手表的包装设计图，包装材质为硬纸质、包装结构为天地盖，主要颜色为蓝色，风格为现代科技风格，并保留 Logo 的位置

8.2 跨境电商AI工具应用趋势探索

1. 极致追求个性化体验

跨境电商平台在未来有可能利用更先进的 AI 推荐算法、AI 内容生成、AI 定价和 AI 促销更精细地理解每个买家（包括他们的独特需求、偏好、购买习惯），甚至还能够通过买家与平台的互动获取买家状态，反向驱动选品和个性化产品定制。

跨境电商平台和卖家可以利用 AI 工具处理获取的买家信息，提供极致个性化的购物体验，包括个性化的产品推荐、内容展示、促销活动、客户服务和售后支持。

2. 全渠道智能融合

未来的跨境电商不再局限于线上，跨境电商平台通过统一用户平台、物联网设备、虚拟现实技术和增强现实技术等，能够实现与线下实体渠道、社交媒体、直播平台等更紧密地融合。AI 工具将成为连接和优化各个触点的核心，实现无缝的用户体验和统一的品牌形象。

3. 自主化与自动化运营

跨境电商平台或大型卖家通过智能供应链的全面升级，用 AI 驱动需求预测，有望实现自动化营销流程，包括自动投放广告、自动管理社交媒体账号、自动发送邮件营销、自动根据库存发货等，驱动跨境电商运营流程的进一步自动化和智能化，减少人工干预，大幅提高效率和降低成本。

4. 感知情感与建立信任

跨境电商平台通过 AI 工具更强的情感识别和理解能力，能够更好地感知用户的情绪，并做出更人性化的回应，提供更具同理心的服务，生成更具情感吸引力的营销内容，从而提高转化率和决策效率，建立更强的用户信任和忠诚度。

5．AI与物联网的融合应用

大型工厂和仓储企业通过物联网设备与 AI 算法，在跨境电商的各个环节收集更丰富的数据，可以优化生产环节、提高仓储运转和物流配送效率，结合 AI 分析，实现更智能的运营，提升用户体验。